历史的丰碑丛书

科学家卷

现代化学之父
拉瓦锡

佟多人　林永忱　编著

吉林人民出版社

图书在版编目(CIP)数据

现代化学之父：拉瓦锡 / 佟多人，林永忱编著 . --
长春：吉林人民出版社，2011.4（2021.8 重印）
（历史的丰碑丛书）
ISBN 978-7-206-07673-2

Ⅰ . ①现… Ⅱ . ①佟… ②林… Ⅲ . ①拉瓦锡，
A.L.（1743～1794）—生平事迹 Ⅳ . ① K835.656.13

中国版本图书馆 CIP 数据核字 (2011) 第 037149 号

现代化学之父 拉瓦锡
XIANDAI HUAXUE ZHI FU LAWAXI

编　　著：佟多人　林永忱
责任编辑：郝晨宇　　　　　　封面设计：孙浩瀚
制　　作：吉林人民出版社图文设计印务中心
吉林人民出版社出版 发行（长春市人民大街7548号　邮政编码：130022）
印　　刷：北京一鑫印务有限责任公司
开　　本：787mm×1092mm　1/16
印　　张：8　　　　　　　字　　数：72千字
标准书号：ISBN 978-7-206-07673-2
版　　次：2011年4月第1版　　印　　次：2021年8月第2次印刷
定　　价：35.00 元

如发现印装质量问题，影响阅读，请与出版社联系调换。

编者的话

"欲知大道，必先为史"。

回溯人类的足迹，人们首先看到的总是那些在其各自背景和时点上标志着社会高度和进步里程的伟大人物。他们是历史的丰碑，是后世之鉴。

黑格尔说："无疑，一个时代的杰出个人是特性，一般说来，就反映了这个时代的总的精神。"普希金说："跟随伟大人物的思想是一门引人入胜的科学。"

以史为鉴，面向未来。作为21世纪的继往开来者，我们觉得，在知史基础上具有宽广的知识结构、开阔的胸襟和敏锐的洞察力应是首要的素质要求，而在历史的大背景中追寻丰碑人物的思想、风范和足迹，应是知史的捷径。

考虑到现代人时间的宝贵，我们期盼以尽量精短的篇幅容纳尽量丰富的信息，展现尽量宏大的历史画卷和历史规律。为此，我们编撰了这套丛书。

编撰丛书的过程，也是纵览历代风云、伴随伟人心路、吸收历史营养的过程。沉心于书页，我们随处感受着各历史时期伟大人物所体现的推动历史进步的人类征服力量。我们随着伟人命运及事业的坎坷与辉煌而悲喜，为他们思想的深邃精湛、行为的大气脱俗而会意感慨、拍案叫绝。

然而，在思想开始远游和精神获得享受的同时，我们也随之感受到历史脚步的沉重和历史过程的曲折。社会每前进一步都是艰难的，都伴随着巨大的痛苦和付出。历史的伟大在于它最终走向进步，最终在血污中诞生了鲜活的"婴孩"。

历史有继承性和局限性，不能凭空创造。伟人也有血肉，他们的思想、行为因此注定了同样具有历史的局限性和阶级的、时代的烙印；他们的功业建立于千千万万广大人民群众伟大创造的基础上。历史是人民群众创造的，伟大的人物们是历史和时代造就的。同时，我们也无法否定此间他们个人的努力。这也正是我们编撰这套丛书的目的。

我们期盼着这套丛书得到社会的认同，对读者，特别是青少年读者之历史感、成就感和使命感的培养有所裨益。史海浩瀚，群星璀璨。我们以对广大青少年读者负责的精神，精心遴选，以助力青少年成长进步，集结出版了《历史的丰碑》系列丛书，敬请读者批评、指正。

历史的丰碑丛书

编 委 会

拉瓦锡（1743—1794），法国化学家，现代化学的创始人。拉瓦锡在他那并不太长的科学生涯中，曾涉足化学、物理学、地质学等诸多学科领域并做出了贡献。其中最为突出的，是他完成了18世纪的化学革命，成为化学发展史上享有里程碑荣誉的科学家。他注重科学实践，成功地将过去和当时的许多实验结果加以综合，并使之成为完整的学说。他建立了科学的氧化理论，推翻了燃素学说的百年统治，结束了元素观念的混乱，确立了化学反应的质量守恒原理，推动化学成为像数学、物理学一样的精确科学。他奠定了计算化学的基础，是化学反应方程式计算法的启蒙者。他曾任多种社会职务。法国大革命中，因参与"包税公司"而被送上断头台。

目　录

马扎兰中学的高才生　　　◎ 001

科海扬帆　　　◎ 007

最年轻的院士　　　◎ 018

探索燃烧之谜　　　◎ 030

向燃素说发起总攻　　　◎ 046

化学语言的产生　　　◎ 065

化学革命的总结　　　◎ 088

残暴政权的牺牲品　　　◎ 100

历史的丰碑丛书

马扎兰中学的高才生

> 精神的浩瀚，想象的活跃，心灵的勤奋，就是天才。
>
> ——狄德罗

公元1761年，春。

法国巴黎。

马扎兰中学古朴的校舍坐落在一片新绿中。春雨刚过，校园里处处生机盎然。

毕业班的教室里，著名天文学家尼古拉·路易·德·拉卡伊正在执鞭任教。望着讲台下一双双求知欲极强的明亮的眼睛，这位曾经观测过上万颗星星，并第一个绘制出南天星图的科学家会心地笑了，他由衷地感到欣慰，就像又发现了许多新的星体一般地陶醉。

"请回答，什么星座叫黄道带星座？"

17岁的安托万-洛朗·拉瓦锡走到讲台前，接过老师手中的教鞭，指点着黑板上的挂图，有条不紊地讲解着，大家屏息静听。拉瓦锡总是善于用最简明扼要的语言叙述最复杂的问题。

拉卡伊老师边听边赞赏地微微点头，他对这位得意门生的回答感到非常满意。

下课的铃声响了，同学们争先恐后地冲出教室，校园里顿时沸腾起来。操场上，孩子们追逐嬉戏，欢腾跳跃，只有拉瓦锡仍静静地坐在课桌前，神情略带忧郁。再过两个月就要毕业了，新的生活在等待着他们。可是对拉瓦锡来讲，毕业也意味着与拉卡伊先生分别。敬爱的老师在这7年时间里给了他许许多多宝贵的知识，而现在老师的健康却令人担忧，万一……不，不，那将是拉瓦锡所不能接受的。

拉瓦锡默默地翻阅着笔记本，心头交织着感激之情和即将离别的忧伤。至今他仍珍藏着好几本厚厚的天文记录册，这上面记载着无数个和老师共同观测所得到的数据，这是多么值得珍惜的资料啊！

拉瓦锡是12岁的时候被送到这所学校就读的。这是一所以科学教育著称于全法国的贵族中学，这里

← 拉瓦锡

的学生全都是法国各地名门望族的子弟，任课的教师也都是法国最著名的科学家。在这些出类拔萃的园丁们的精心培育下，少年拉瓦锡健康地成长着，并由酷爱文学逐渐转向热爱自然科学。

身为律师的老拉瓦锡希望儿子能子承父业，将来做一名律师，所以要求儿子主修法学。拉瓦锡没有辜负父亲，他认真地去听法学课，而且成绩优异，但他也仍热心地钻研着自然科学，特别是数学和物理。

拉瓦锡虚心向学，勤学好问。他经常主动登门求教，拜当时著名的科学家为师。先后在天文学家拉卡伊门下学习数学和天文学；在地质学家格塔尔的指导下研究地理学和矿物学；在著名化学实验大师卢埃尔门下学习化学。当时卢埃尔的化学实验讲演是极为有名的，曾经吸引了包括狄德罗、卢梭在内的一大批社会名流、绅士和淑女们。拉瓦锡更是沉醉其中，深为卢埃尔广博的化学知识和娴熟的实验技术所倾倒，进而终于踏上了化学研究的探索之路。

转眼两个月过去了。

6月初，马扎兰中学举行了隆重的毕业典礼。

初夏的巴黎之夜是迷人的，马扎兰校园里树影婆娑，花草摇曳，月光如洗。

大礼堂装饰一新，洋溢着节日般的热烈气氛。校长发表了热情洋溢的讲话，对毕业生表示热烈的祝贺，并授予他们毕业证书。

毕业生们推举优秀学生拉瓦锡致答谢词，衷心感谢7年来老师和校方的栽培和关照。

拉卡伊等教授均在前排就座，望着侃侃而谈的拉瓦锡，教授在心里默默地祝福着他的未来。

庆典结束了，学生们蜂拥而至，跑到自己的老师面前，把他们抬了起来，并放声欢呼歌唱。

"教授万岁！"

"拉卡伊万岁！"

参加庆典的家长们也忘情地使劲鼓掌，几位母亲则激动得用手帕频频地擦着夺眶而出的泪花。

拉瓦锡实验室

相关链接
XIANGGUAN LIANJIE

化学的萌芽

古时候，原始人类为了生存，在与自然界的种种灾难进行抗争的过程中，发现和利用了火。原始人类从用火之时开始，由野蛮进入文明，同时开始用化学方法认识和改造天然物质。燃烧就是一种化学现象，火的发现和利用改善了人类生存的条件，并使人类变得聪明、强大。

掌握了火以后，人类开始食用熟食，陆续发现了一些物质的变化，如发现在翠绿色的孔雀石等铜矿石上面燃烧炭火，会有红色的铜生成。这样，人类在逐步了解和利用这些物质的变化的过程中，制成了对人类具有使用价值的产品。人类逐步学会了制陶、冶炼，后来又懂得了酿造、染色等。这些由天然物质加工改造而成的制品，成为古代文明的标志。

在这些生产实践的基础上，古代化学知识萌发了。古人曾根据物质的某些性质对物质进行分类，并企图追溯其本原及其变化规律。

公元前4世纪或更早，中国提出了阴阳五行学说，认为万物是由金、木、水、火、土五种基本物质组合而成的，而五行则是由阴阳二气相互作用而成的。这种说法是朴素的唯物主义自然观，用"阴阳"这个概念来解释自然界两种对立和相互消长的物质势力，认为二者的相互作用是一切自然现象变化的根源。这种说法是中国炼丹术的理论基础之一。公元前4世纪，希腊也提出了与五行学说类似的火、风、土、水四元素说和古代原子论。这些朴素的元素思想，即为物质结构及其变化理论的萌芽。后来在中国出现了炼丹术，到了公元前2世纪的秦汉时代，炼丹术已颇为盛行。大致在公元7世纪传到阿拉伯国家，与古希腊哲学相融合而形成阿拉伯炼丹术。阿拉伯炼丹术于中世纪传入欧洲，形成欧洲炼金术，后逐步演进为近代的化学。

炼丹术的指导思想是深信物质能转化，试图在炼丹炉中人工合成金银或修炼长生不老之药。人们有目的地将各类物质搭配烧炼，进行实验。为此，涉及了研究物质变化用的各类器皿，如升华器、蒸馏器、研钵等，也创造了各种实验方法，如研磨、混合、溶解、洁净、灼烧、熔融、升华、密封等。

与此同时，进一步分类研究了各种物质的性质，特别是相互反应的性能。这些都为近代化学的产生奠定了基础。

科海扬帆

> 一个深广的心灵，总是把兴趣的领域推广到无数事物上去。
>
> ——黑格尔

公元1763年，夏。

已是大学生的拉瓦锡要放暑假了。

拉瓦锡一家相拥着走下索尔篷纳学院的大理石台阶。

大街上，一位身材修长、潇洒倜傥的中年人风度翩翩地来到他们面前，一阵热情的寒暄后，他们便一起坐上马车赶路，并共同讨论小拉瓦锡的未来。

"我认为，"父亲说道，"他干律师这一行肯定是会前程似锦的。安托万机智聪明，头脑清楚，这对一个法学家来讲是极其宝贵的。同时，我的事务所又是巴黎最有名的事务所之一，这个条件也是相当重要的。"

"我完全同意您的意见，拉瓦锡先生。"格塔尔说。

这位格塔尔先生是一位很有名气的青年矿物学家，也是拉瓦锡一家的好朋友。当他们的话题转到拉瓦锡这个暑假应该如何度过时，格塔尔说："我有一个建议。我们绘制法国地质图的研究工作已进行好几年了，如果安托万能做我的助手，和我一起度过这个夏天，那我将不胜荣幸。我们还要考察好几个山区呢。"

"啊！这将是一次多么好的旅行啊！"小拉瓦锡高兴地喊起来。

"不仅如此，你还将学到很多东西，我亲爱的朋友。"格塔尔望着兴奋异常的小拉瓦锡，笑着回答。

绵延起伏的群山，峰峦叠翠，莽莽苍苍。山坳里，疏疏落落点缀着几座地质队的帐篷。

拉瓦锡随着格塔尔和地质队员们，风餐露宿，终日奔忙。他们攀上峻峭的山崖采凿岩石、取样，在湍急的河流上游采集矿石。

大山里的天气

1794 年 5 月 8 日，法国著名化学家、现代化学的创始人拉瓦锡遇难，享年 51 岁。图为拉瓦锡的画像。

说变就变，刚才还是晴空万里，烈日当头，转瞬间就是暴雨倾盆，雷鸣电闪。一到夜晚，蚊虫不断地袭来叮咬，帐篷里潮热难眠……野外的地质考察生活并不像想象的那样总是风和日丽，充满诗意。这一切对于拉瓦锡来讲虽然是毫无思想准备的，但却不能动摇他探索知识宝藏的决心和步伐。

皮肤晒黑了，脱掉了一层又一层；脚起泡了，磨出了厚厚的老茧。自小家境优裕，贵族学校里培养出来的拉瓦锡，就像温室中刚刚移出的幼苗，第一次经受大自然的风雨洗礼。

夏天不知不觉地过去了，拉瓦锡又回到学院。除了按时完成必修课的学习外，他常常抽出时间去听卢埃尔的化学课，从中了解到酸和盐的知识，以及施塔尔的燃素理论。随着学习的深入，拉瓦锡越发感到还有许许多多悬而未决的问题有待探讨。当卢埃尔讲到，物质燃烧时，物质本身会挥发出一种特殊物质——燃素，拉瓦锡异常感兴趣。出于对获得知识的渴望，他经常到图书馆去查找资料，翻阅有关书籍，光是波义耳的著作就反复读了许多遍。

经过几年大学生活，拉瓦锡顺利毕业了，并获得了法学学士学位。他来到父亲的事务所，成了一名律师。但地质学和化学仍是他孜孜以求的，因而每天除了在事务所或司法会议厅里待几个小时外，他大部分时间都是躲到自己的房间里，或是一个人饶有兴趣地研究矿石，或是与经常来访的格塔尔热烈地讨论地质学或化学的有关问题。

18世纪，欧洲各国受工业革命影响，大城市发展迅猛，但夜间的街道照明问题却一直未能解决，矛盾

拉瓦锡的治学座右铭是："不靠猜想，而要根据事实。"他在研究中一直遵循"没有充分的实验根据，从不推导严格的定律"的原则。这种尊重科学事实的思想，使他能把前人所做的一切实验只是看作建议性质的，而不教条，从而批判地继承了前人的工作成果，敢于进行理论上的革命。图为拉瓦锡的实验设备。

越来越显得尖锐。法国也是如此，一到夜晚，城市一片漆黑，治安和交通常出问题。因此，法国科学院作出决定，悬赏征求"大城市照明"的方案。

年轻的拉瓦锡决定试试自己的能力，他以自己素有的精力和热情着手工作。他反复作了一系列有关灯具、反射器、照明燃油的试验工作，而且进行了精确的经济性评价。

在应征报告里，拉瓦锡极其清楚地剖析和阐明了问题的关键所在，提出了具有深刻意义的理论和把理论运用于实际的设想。

有关专家震惊了，科学界震惊了，科学院院士会议一致通过决议：在科学院的院刊上发表这篇论文，授予作者国王颁发的金质奖章。

这一成功的尝试，对于刚刚步入生活的拉瓦锡来说，是一个很大的鼓舞。但授奖仪式结束后，拉瓦锡并没沉醉在初试锋芒大获全胜的喜悦中，反而冷静异常。整个晚上，拉瓦锡都在思考一个问题，最后终于作出决定：

放弃律师的职业，献身科学研究事业。

相关链接
XIANGGUAN LIANJIE

20世纪以来化学发展的特征

化学是一门建立在实验基础上的科学，实验与理论一直是化学研究中相互依赖、彼此促进的两个方面。

进入20世纪以后，由于受到自然科学等其他学科发展的影响，当代科学的理论、技术和方法广泛应用，化学在认识物质的组成、结构、合成和测试等方面都有了长足的进展，而且在理论方面取得了许多重要成果。在无机化学、分析化学、有机化学和物理化学四大分支学科的基础上产生了新的化学分支学科。

近代物理的理论和技术、数学方法及计算机技术在化学中的应用，对现代化学的发展起了很大的推动作用。19世纪末，电子、X射线和放射性的发现为化学在20世纪的重大进展创造了条件。

在结构化学方面，由于电子的发现而确立的现代的有核原子模型，不仅丰富和深化了对元素周期表的认识，而且发展了分子理论。应用量子

力学研究分子结构，产生了量子化学。

从氢分子结构的研究开始，逐步揭示了化学键的本质，先后创立了价键理论、分子轨道理论和佩位场理论，化学反应理论也随之深入到微观境界。应用 X 射线作为研究物质结构的新分析手段，可以洞察物质的晶体化学结构。测定化学立体结构的衍射方法，有 X 射线衍射、电子衍射和中子衍射等方法，其中以 X 射线衍射法的应用所积累的精密分子立体结构信息最多。

研究物质结构的谱学方法也由可见光谱、紫外光谱、红外光谱扩展到核磁共振谱、电子自旋共振谱、光电子能谱、射线共振光谱、穆斯堡尔谱等，与计算机联用后，积累大量物质结构与性能相关的资料，正由经验向理论发展。电子显微镜放大倍数不断提高，人们可以直接观察分子的结构。

经典的元素学说由于放射性的发现而产生深刻的变革。从放射性衰变理论的创立、同位素的发现，到人工核反应和核裂变的实现、氘的发现、中子和正电子及其他基本粒子的发现，人类的认识深入到亚原子层次，并创立了相应的实验方法和理论，不仅实现了古代炼丹家转变元素的思想，而且改变了人的宇宙观。

作为20世纪的时代标志，人类开始掌握和使用核能。放射化学和核化学等分支学科相继产生，并迅速发展；同位素地质学、同位素宇宙化学等交叉学科接踵诞生。元素周期表扩充了，已有109号元素，并且正在探索超重元素以验证元素"稳定岛假说"。与现代宇宙学相依存的元素起源学说和与演化学说密切相关的核素年龄测定等工作，都在不断补充和更新元素的观念。

在化学反应理论方面，由于对分子结构和化学键的认识的提高，经典的、统计的反应理论得以进一步深化，在过渡态理论建立后，逐渐向微观的反应理论发展，用分子轨道理论研究微观的反应机理，并逐渐建立了分子轨道对称守恒定律和前线轨道理论。分子束、激光和等离子技术的应用，使得对不稳定化学物种的检测和研究成为现实，化学动力学已有可能从经典的、统计的宏观动力学深入到单个分子或原子水平的微观反应动力学。

计算机技术的发展，使得分子、电子结构和

化学反应的量子化学计算、化学统计、化学模式识别，以及大规模技术的处理和综合等方面，都得到较大的进展，有的已经逐步进入化学教育之中。关于催化作用的研究，已提出了各种模型和理论，从无机催化进入有机催化，开始从分子微观结构和尺寸的角度和生物物理有机化学的角度来研究酶类的作用和酶类的结构与其功能的关系。

　　分析方法和手段是化学研究的基本方法和手段。一方面，经典的成分和组成分析方法仍在不断改进，分析灵敏度从常量发展到微量、超微量、痕量；另一方面，发展出许多新的分析方法，可深入到进行结构分析、构象测定，同位素测定，各种活泼中间体如自由基、离子基、卡宾、氮宾、卡拜等的直接测定，以及对短寿命亚稳态分子的检测等。分离技术也不断革新，离子交换、膜技术、色谱法等。

　　合成各种物质，是化学研究的目的之一。在无机合成方面，首先合成的是氨。氨的合成不仅开创了无机合成工业，而且带动了催化化学，发展了化学热力学和反应动力学。后来相继合成的有红宝石、人造水晶、硼氢化合物、金刚石、半导体、超导材料和二茂铁等配位化合物。

在电子技术、核工业、航天技术等现代工业技术的推动下，各种超纯物质、新型化合物和特殊需要的材料的生产技术都得到了较大发展。稀有气体化合物的合成成功又向化学家提出了新的挑战，需要对零族元素的化学性质重新加以研究。无机化学在与有机化学、生物化学、物理化学等学科相互渗透中产生了有机金属化学、生物无机化学、无机固体化学等新兴学科。

酚醛树脂的合成，开辟了高分子科学领域。20世纪30年代聚酰胺纤维的合成，使高分子的概念得到广泛的确认。后来，高分子的合成、结构和性能研究、应用三方面保持互相配合和促进，使高分子化学得以迅速发展。

各种高分子材料合成和应用，为现代工农业、交通运输、医疗卫生、军事技术，以及人们衣食住行各方面，提供了多种性能优异而成本较低的重要材料，成为现代物质文明的重要标志，高分子工业发展为化学工业的重要支柱。

20世纪是有机合成的黄金时代。化学的分离手段和结构分析方法已经有了很大发展，许多天

然有机化合物的结构问题纷纷获得圆满解决，还发现了许多新的重要的有机反应和专一性有机试剂，在此基础上，精细有机合成，特别是在不对称合成方面取得了很大进展。

一方面，合成了各种有特种结构和特种性能的有机化合物；另一方面，合成了从不稳定的自由基到有生物活性的蛋白质、核酸等生命基础物质。有机化学家还合成了有复杂结构的天然有机化合物和有特效的药物。这些成就对促进科学的发展起了巨大的作用；为合成有高度生物活性的物质，并与其他学科协同解决有生命物质的合成问题及解决前生命物质的化学问题等，提供了有利的条件。

20世纪以来，化学发展的趋势可以归纳为：由宏观向微观、由定性向定量、由稳定态向亚稳定态发展，由经验逐渐上升到理论，再用于指导设计和开创新的研究。一方面，为生产和技术部门提供尽可能多的新物质、新材料；另一方面，在与其他自然科学相互渗透的进程中不断产生新学科，并向探索生命科学和宇宙起源的方向发展。

最年轻的院士

幸运喜欢照顾勇敢的人。

——达尔文

静静的实验室里，拉瓦锡在聚精会神地工作。这间极其简陋的实验室，是拉瓦锡在朋友们的鼎力帮助下，自己筹资建起来的。

拉瓦锡将一个装有沙粒的玻璃小球，屏息凝神地接到玻璃管的一端，然后把它浸入水中，只见它悬浮在水中，装沙粒的小球沉在液面下面，玻璃管的细端却露在液面之上。

随后，拉瓦锡又将它放进蒸馏水中，在玻璃管上标出液面的位置；再把它放进饱和氯化钠溶液中，在玻璃管上标出液面的位置。最后，在两个液面位置之间，画上相应的刻度。

拉瓦锡把这种自行设计、自行制造的仪器，叫作液体比重计，这个叫法一直延续至今。通过比重计，可以用最简单的方法测出各种液体的密度。

这种比重计，给拉瓦锡日后的科研工作帮了许多忙。在1767年的地质考察中，拉瓦锡带着这个比重计，走遍了法国的山山水水，反复测定了各地区水的比重，并且帮助格塔尔绘制了法兰西地质图。

在看起来是纯净的石膏中，似乎隐藏着某种秘密。这种不太硬的固体，早就引起了拉瓦锡的注意，特别是石膏与水的化学反应，更是引起了他的特殊兴趣。

干燥的石膏很容易被研成粉末，但它却能把普通的天然水变成硬水，使肥皂在里面都不起泡沫。

拉瓦锡用自行设计的比重计测这种硬水的比重，发现比重计的细端升出液面的部分，要比放在纯水中高一些。也就是说，硬水的比重较之纯水要大。

在遥远的古代，就有一个普遍为人们接受的观点：水可以转变为土。

无论是古希腊的四元素说，还是中国的五行说，都认为水、土是可以互相转变的，中世纪的炼金术士的观点也是如此。

公元17世纪，著名的医疗派化学家海尔蒙特以及为创立近代化学做出开拓性贡献的波义耳，也都固守这种观点，并且通过实验来支持这种观点。

他们曾分别在玻璃蒸馏器中进行水的蒸馏，经过长期的反复的蒸馏，结果总是有泥状物质残留在蒸馏器的底部，他们认为这种泥状物质就是由水转化来的。

而拉瓦锡却对此产生了疑问，特别是通过地质考察，对全国各地区水质进行测定研究后，他的疑问就更为加深了。为了验证这一观点，拉瓦锡进行了名垂科学史的百日实验。

在欧洲炼金术的兴盛时期，就有一种叫培里肯的蒸馏器，它兼有馏出物的接受器，能使同一物质在蒸馏器中反复地长时间蒸馏。

拉瓦锡把一定量的蒸馏水注入密闭的培里肯蒸馏

拉瓦锡和几位科学家分别证明，如果能获得足够的高温，金刚石在空气中也能够燃烧。

器中，随即开始不分昼夜地连续加热。

101天后，停止加热，拉瓦锡将整个蒸馏装置放到天平上去测量，他惊奇地发现：蒸馏器和水的总重量没有变化，容器底部的泥状物重量大致等于蒸馏器所减少的重量。

由此，拉瓦锡得出结论：泥状物质是玻璃在水中的溶解物。

与此同时，瑞典化学家舍勒也从事了这项工作。他对蒸馏器中的馏出物进行化学分析，证明这种泥状物是玻璃的组成部分。

两位科学天才得出了相同的结论，从而驳斥了广为人们所接受的水变土的千古谬误。

命运总是垂青那些勤奋的并善于抓住机遇的人。

公元1768年，是拉瓦锡的幸运之年。

由于几年前在"城市照明"征文中获得金奖，特别是在最初的科学研究中所显露出的才华，拉瓦锡被选进了法国科学院。

法国轰动了，欧洲科学界轰动了。

拉瓦锡太年轻了，他才25岁。虽然拉瓦锡的任命被拖延了整整一年，但是，当拉瓦锡进入科学院时，还是受到了院士们热烈而隆重的欢迎。

消息被宣传媒体报道后，立即引起了整个舆论界和全社会的瞩目，正像当时法国评论界的一位人士所指出的那样，拉瓦锡在如此年轻的时候就"轻易赢得了人们需要奋斗几十年，克服巨大困难才能得到的位置"。

当时，在拉瓦锡已发表的4篇科学论文中，有两篇是关于研究熟石膏的化学论文。这两篇文章，是他被选入法国科学院的主要依据。有关人士认为，除了柏林的马格洛夫外，拉瓦锡堪称一流的石膏专家。

第一次在法国科学院发表论文，拉瓦锡只有21岁。他的论文逻辑严谨，分析中肯，不仅详细分析了石膏的化学成分，而且首次指出了石膏受热时失去水的重量等于熟石膏结合水的重量，同时拉瓦锡还精确地测定了不同的石膏样品的溶解度。

进入法国科学院以后，由于拉瓦锡的杰出才华及年轻富有朝气，院里

瑞典化学家舍勒。他曾先于拉瓦锡，用两种方法制取了氧气。

的几个学术委员会都聘请他做秘书，因此，拉瓦锡每天不仅要在院里从事科学研究，而且还要承担大量的行政工作。但无论做什么，他都进行得有条不紊，成绩斐然，令同事们肃然起敬。

由于出色的工作，1772年拉瓦锡升任准院士，1778年成为正式院士，1785年升任科学院的秘书长（即院长）。1788年被吸收为英国皇家学会会员。

拉瓦锡勤奋地工作着，每天回到家里，仍不知疲倦地在自己那间狭小简陋的实验室里继续做实验。随着科学研究工作的深入，实验室的规模、设备等越来越不能满足科研的要求了。但是，要扩充实验室就需要很多钱，购置仪器装置、化学药品也要支出大量费用。这些巨额开销，仅靠他在科学院的薪水是远远不能解决的。拉瓦锡开始寻找额外收入来弥补科研经费的不足，不久，机会来了。

为了保证国库有固定收入，法国政府赋予"包税"股份公司以征收间接税的权力。为了获得这个权力，"包税公司"的成员必须预先向国家垫付一笔巨额款项，否则将不能获得收税的权力。

"包税公司"是一个向法国公民征税的团体，包税者通过收税搜刮民财，盘剥百姓，特别是包税这种措施的本身，就隐伏着滥用权力的危险，公众对此深恶

1774年10月，英国杰出的化学家，后来被人誉为"气体化学之父"的普利斯特列与拉瓦锡在巴黎会面。图为始建于1163年，1345年全部建成的巴黎圣母院。

痛绝，嗤之以鼻。尽管如此，拉瓦锡还是决定加入"包税公司"。下面要做的就是，请求父亲给予经济上的支持。

怀着忐忑不安的心情，拉瓦锡来到父亲的律师事务所。

"小拉瓦锡先生，光临寒舍有何贵干？"父亲略带讥讽、不无抱怨地说，"感谢上帝，你总算没有忘记到事务所的路！"

"父亲，我想您已经了解我是不能够做律师的，我的兴趣不在那儿。科学吸引着我，科学的秘密吸引着

我。"

"是呀，是呀，我怎么会不清楚这一点，知子莫如父嘛。但是，搞科学研究需要钱，而你没有！"父亲一字一顿地说。

"正是为了这件事，我才来找您的，我需要您的帮助。"

"噢，真是意想不到。那么，请讲吧！"

"我想加入'包税公司'。如果您能在国家银行做我的保证人，我就能得到500万法郎的贷款。"

"啊？这笔贷款能买下大半个法国！"父亲愠怒了，大声说道。

"用这笔钱我可以买下全部股票的三分之一，然后，在5年之内我不但会偿还这笔钱，而且会发一笔大财的。"

"你这简直是胡闹，是冒险！"

父子俩经过一番争论和僵持，父亲终于决定帮助儿子试试。尽管他觉得这件事风险很大，但同时也感到此事颇具诱惑力，所以还是同意了。

凭着父亲的声望，拉瓦锡顺利地获得了贷款。"包税公司"的老板雅克·波利兹非常赏识拉瓦锡的才干，把大量任务交给他去做。于是，拉瓦锡又以新的热情投入了税收工作。

　　他深入法国各地，写报告，编制预支、收入表，不久就成了"包税公司"活动能力最强的成员之一。

　　"包税公司"的工作，分散了拉瓦锡搞科学研究的精力，科学界的同仁们、朋友们对此均持否定态度，但朋友们的好心规劝并未能阻止拉瓦锡的冒险活动。

　　事情就像拉瓦锡所预料的那样，果然不出5年，不但还清了贷款，还发了一笔大财。仅用3年时间，拉瓦锡就为自己装置了一套设备精良的实验室。

　　"包税公司"的巨额收入，为拉瓦锡日后的科学辉煌奠定了物质基础，同时也为拉瓦锡的最终被送上断

拉瓦锡名著《化学基础论》书影

头台埋下了祸根。

拉瓦锡从早到晚不知疲倦地工作着，或是在"包税公司"事务所里处理业务，或是在自己新装备的实验室里做实验，还要按时出席科学院的会议，及时处理几个学术委员会的事务性工作。各方面的工作纷至沓来，他简直没有一分钟时间属于自己，整个身心都被工作所占据。没有社交活动，没有异性交往，近似于清教徒式的刻板生活，令同龄的富家子弟们觉得不可理喻，家里人也为他的终身大事焦虑，人们都认为他是个工作狂，似乎世界上没有什么能改变他这种生活方式，除非出现奇迹。

然而，奇迹却真的出现了。

在一个阳光明媚的早晨，拉瓦锡按惯例来到"包税公司"处理工作，房间里坐着一位年轻的姑娘，拉瓦锡很有礼貌地向她问过好，就开始低头翻阅文件。但奇怪的是，无论如何都不能专心工作，姑娘那双蓝色的眼睛，犹如磁石般吸引着他，使他的心灵失去了往日的平静与安宁。他不禁抬眼向姑娘望去，姑娘也正微笑着打量着他。刹那间，两颗年轻的心碰撞了。

姑娘的目光是那样的有魔力，使拉瓦锡感到无法抗拒。姑娘的那双蓝眼睛是如此的清澈、纯净，拉瓦锡突然感觉到，世界是多么美好，如果没有她的微笑，他的世界将没有阳光。

姑娘对拉瓦锡也是一往情深、一见钟情。关于他，她早就从父亲波利兹那儿有所耳闻。提起拉瓦锡，父亲总是津津乐道、赞不绝口，因此，在14岁的玛丽·安娜·波利兹的心目中，拉瓦锡是位完美的崇拜偶像。今天见面，更是深为拉瓦锡的举止风度所吸引，为他的沉稳执着而感动。爱慕之情，油

← 拉瓦锡雕像

然而生。

丘比特之箭，同时射中了两颗心。

不久，他们走向了婚礼的殿堂。望着身着白色蕾丝婚纱的犹如圣洁女神般的娇小新娘，拉瓦锡感到自己是世界上最幸福的人。

拉瓦锡确实是幸福的。玛丽性格细腻，对丈夫温柔体贴。她从小受过良好的教育，举止文雅、待人温厚，对拉瓦锡所从事的事业有着深刻的理解。她不仅是丈夫生活中的亲密伴侣，而且是他科学研究的得力助手。后来，拉瓦锡的许多实验记录，都是由她来承担的。她还帮拉瓦锡把英文版的化学书稿译成法文。她自幼受过系统的绘画训练，拉瓦锡的著作中的一些插图和制版也是由她来完成的。在拉瓦锡去世后，也是她，在极其困难的情况下，四处奔走、力排众议，以异乎寻常的勇气，担负起编辑和出版拉瓦锡大部分科学著作的重任。

他们终生未有子女，但是生活得和谐美满，幸福安宁。他们彼此信任、敬重，对事业与生活有着共同的理解和追求，正是这些奠定了他们婚姻的牢固基石。

幸福的婚姻，促成了事业的腾飞。婚后的拉瓦锡，进入了科学创造的全盛期。

探索燃烧之谜

> 只有崎岖的未经修凿的道路，才是天才的道路。
>
> ——布莱克

燃烧现象，是自然界中最常见的现象之一。

在18世纪的欧洲，对燃烧现象的研究，几乎成了化学家的必修课。

曾经做过普鲁士王御医的施塔尔，早在1703年就提出了燃素说。这位德国学者认为，凡是能燃烧的物质都含有燃素，燃素就是燃烧的元素；金属在空气中加热，燃素便逸出，剩下的是金属灰；木炭中富含燃素，若将它与金属灰混合并加热，金属灰与燃素结合还原为金属。

这位带有神秘主义色彩的医生还认为，这种燃素并不是亚里士多德所说的火元素。他进一步指出，在燃烧过程中，燃素从物体中被释放出来，形成旋风般运动并同空气结合，这就是火。

他还认为，放出的燃素扩散于空气之中，再也无

法同空气分开，只有植物能从空气中攫取它，而它能通过植物进入到动物机体中去。

施塔尔的燃素说，是化学史上最早提出的反应理论。在此之前，有关化学反应的知识都是零碎的，经验性的。

燃素说的提出，在当时是不失其进步意义的，因为它使尚处于原始状态的化学摆脱了炼金术的束缚。特别是囿于当时的科学水平，许多化学现象也只能在燃素说的基础上得到统一的说明。因此，燃素说曾经统治化学界近百年，得到了绝大多数化学家的支持和信赖。一些当时非常杰出的科学家，例如舍勒、普利斯特列、卡文迪许等，虽然他们通过化学实验已取得的成果足以成为推翻燃素说的科学依据，但他们却仍深信燃素说。

而拉瓦锡却独树一帜，当他积累了大量实验依据后，就向燃素说发起了攻击："在化学领域具有影响的燃素说，是一个存在严重错误的理论。我们必须明确表示，由于燃素说引入了错误的哲学方法，已经严重地阻碍了化学的进步。"

1772年，拉瓦锡开始对燃烧的焙烧现象进行一系列研究。他和几位科学家分别证明，如果能获得足够的高温，金刚石在空气中也能够燃烧。而在当时，只有利用巨大的凸透镜借助阳光才能获得高温。

　　和拉瓦锡共同进行这项工作的，是著名的科学家马凯尔和卡德。

　　马凯尔，早在1745年就被选入法国科学院，当年只有27岁，是拉瓦锡之前最年轻的院士。他一生著述颇丰，还编辑过化学辞典，在吸引人们对化学的兴趣方面起了积极作用。他研究过染色、磷的制造等技术问题，还发现了黄血盐（亚铁氰化钾）。

　　拉瓦锡根据化学实验的经验，用清晰的语言阐明了质量守恒定律和它在化学中的运用。这些工作，特别是他所提出的新观念、新理论、新思想，为化学的发展奠定了重要的基础。

卡德，也是一位化学家，曾任著名的塞佛尔瓷器厂厂长，他发现了许多提炼无机物的方法。

马凯尔与卡德都是拉瓦锡的长期科研伙伴，还都是拉瓦锡的《物理与化学简编》一书的科学院审委会成员。

那时，科学家们反复思考的主要问题，就是关于燃烧的本质。很多人都已强烈地感觉到，燃素说不能解释燃烧的过程。但要建立全新的、更科学的理论，则暂时还没有足以令人信服的依据。

拉瓦锡对燃烧的整个过程，似乎比别人有更深厚的兴趣。有时，他长时间地独自冥思苦想，有时，他和同事们热烈争论，以致人们会误认为他们在吵架。而新的想法，往往会从中产生。

在一个寒冷的冬夜，窗子上已结上厚厚的冰凌花。在熊熊燃烧的壁炉旁，年过半百的马凯尔正在朗诵一篇科学报道，其中谈到在高温下灼烧的金刚石无影无踪了。

"为什么？"卡德疑惑地问。

"它变成了什么呢？物质燃烧后总是会形成灰渣的，而在这种情况下却一点渣都没有。"马凯尔也感到不可思议。

"我认为，原因不在这里。"拉瓦锡沉思着终于开

　　拉瓦锡的夫人玛丽聪明贤惠，为了给丈夫的实验作画，就去学习了绘画，如今人们从《化学基础论》看到的实验绘画，都出自玛丽之手，非常精致。

口。

　　"那么在哪里呢？"卡德急切地问。

　　"我现在还不能断定。不过，我认为周围的环境显然是产生了影响。"拉瓦锡回答。

　　"加热是在空气中进行的呀。"马凯尔补充着。

　　"难道空气就不会产生影响吗？"拉瓦锡反驳道。

　　争论到子夜，三位朋友决定亲自做实验检查一下，

看看在没有空气时将金刚石加热会产生什么样的变化。

第二天，拉瓦锡找来几块金刚石，马凯尔准备好了石墨稠膏。他们在小小的金刚石块上涂了一层严严实实的稠膏，使它与空气隔绝，然后将其加热。

小黑球像炉子里的炭块一样烧得通红，而且开始闪闪发光。

几个小时过去了，他们把小球从加热器中取出，冷却，最后剥掉涂料。

"金刚石完好无缺！"科学家们惊奇地发现。

"原来，金刚石的神奇消失竟然与空气有关。也许它们是与空气结合在一块了？"拉瓦锡推测道。

"这与我们对燃烧的全部了解是那样的不同，简直不可思议。"卡德若有所思。

"而实验证明就是如此。"拉瓦锡肯定地说。

早在1755年，英国化学家布莱克就发现了二氧化碳。从此，对气体的研究成了当时的一项热门科学。

拉瓦锡在研究城市夜间街道照明设计时，曾考察过燃料的燃烧。在研究金刚石燃烧问题时，也多方了解18世纪化学家对气体研究的动态。他熟悉英国化学家黑尔斯所做的实验，实验证明气体既包含在化学物质之中，同时又能从这些物质中释放出来；他读过布莱克的著作，认识到有关固定空气（二氧

　　1772 年拉瓦锡升任法国科学院准院士，1778 年成为正式院士，1785 年升任科学院的秘书长（即院长）。

化碳）的实验和方法；他还及时了解到英国化学家兼物理学家卡文迪许和普利斯特列的气体研究的进展情况。

拉瓦锡详尽地占有有关燃烧现象的丰富资料，因而他对问题能有更全面、更深刻的认识。他非常敬佩布莱克的研究工作，清醒地认识到这一成果的重要意义，因而更加重视定量测定。

拉瓦锡的杰出天才就在于，他能将过去和当时的许多实验结果，加以科学的综合并使其成为完美的学说，尽管他没有发现什么新的化合物或新的化学反应。他能看到旧理论的主要弱点，并能通过实验，把有用的事实和更正确更全面的新理论结合起来。

通过金刚石的燃烧实验，证明了金刚石在空气中也能燃烧。这是一个不同寻常的发现，以致所有其他问题都退居次要地位了。现在，对拉瓦锡来说，只有一个问题使他魂牵梦萦，那就是燃烧现象。

他开始着手对磷和硫的燃烧进行研究，成功地收集到磷燃烧时冒出的全部白烟。凭着早年在实验大师卢埃尔门下练就的扎实的实验操作基本功，拉瓦锡利用天平精确地称出了白烟的重量，同时他发现：烟重于原来的磷。

"磷与空气化合了！"这个想法使拉瓦锡兴奋不已。

那么单位重量的磷在空气里燃烧时，究竟能与多少单位的空气相化合？怎样化合？于是在拉瓦锡的头脑里，产生了下述实验设想：

在密闭的器皿里燃烧磷，测定物质的量，首先是空气的量。

拉瓦锡把装有磷的器皿放在水面软木架上，再用烧红的金属丝将磷点燃，随即迅速用玻璃罩将其罩上。

白色浓烟充满了玻璃罩，磷很快就自行熄灭了。水在罩内缓缓上升，过了一会儿，水位停止上升。

"我拿的磷似乎少了点，这个量大概不足以使罩内

↑拉瓦锡利用天平进行定量研究，弄清了燃烧的本质。

的全部空气与它化合。应该再做一次实验!"拉瓦锡思忖着。

第二次实验用了两倍的磷,所得结果是:水位上升到同样的高度。之后拉瓦锡又变换了磷的用量,但一直到第十次实验,结果依然同前。

"磷仅与五分之一的空气化合,难道空气会是一种复杂的混合物吗?"拉瓦锡苦苦思索着、推测着。

接着,他又研究了硫的燃烧。拉瓦锡惊奇地发现:硫燃烧时也只与五分之一的空气化合。

怀着不可遏制的探索激情,拉瓦锡又开始了对金属燃烧的研究。

金属在持续煅烧的情况下,变成了金属灰。但是,把它与炭混合在一起加热,金属灰又会重新变成金属。而在这一变化过程中,却放出了被化学家称作"固定空气(二氧化碳)"的气体。

拉瓦锡十分清楚地认识到,燃烧是和气体联系在一起的。但他尚不能下最后的结论,因而拉瓦锡决定要进一步研究气体。

那么,究竟什么是"固定空气"呢?石灰石里含有这种气体吗?当煅烧石灰石把它变成生石灰时,怎样取得"固定空气"呢?在物质燃烧过程中,空气总是被吸收吗?如果是这样的话,那么什么样的物质在此情况下是更复杂的物质呢？是金属还是金属灰？

一连串的问题出现了，拉瓦锡不断地找到了答案。而每个答案，都是对燃素说的挑战和冲击。

磷燃烧时生成磷酸，硫经过同样反应生成硫酸。对于这种化学家们已司空见惯的实验结果，拉瓦锡作出了与众不同的解释。

他指出："硫、磷在燃烧中是吸收空气而增加重量。"

由此，他进一步推测：金属在空气中加热，变成金属灰后重量增加的原因也是吸收了空气的缘故。

为了证实自己的这种推测，拉瓦锡遍读了有关吸

1772年，拉瓦锡开始对燃烧的焙烧现象进行一系列研究。

收气体或放出气体的所有实验记录。他发现，不同的作者有不同的见解。感到困惑的同时他进一步思索并在日记中写道："这个问题的重要性促使我全面地从事这项工作，因为我觉得这注定要在物理学和化学上引起一场革命。我感到必须把以前人们所做的一切实验看作只是建议性质的，为了我们把关于空气化合或空气从物质中释放出来的知识，同其他已取得的知识联系起来，从而形成一种理论，我曾经建议用新的保证措施来重复所有的实验。"

于是，拉瓦锡安排了一系列有关燃烧与空气的关系的实验。

在实验过程中拉瓦锡注意到，当金属锡在密封容器中煅烧时，只有一部分变成了所谓的金属灰（氧化锡）。在容器启封前，重量没有变化。当容器启封时，可以听到空气被抽进容器的咝咝声响。由此，拉瓦锡证实了自己的推测：金属灰重量的增加是由于金属与空气化合的缘故。

但新的问题又由此而产生，同金属化合的气体到底是什么？是布莱克所说的固定空气（二氧化碳）？还是普通空气或者是空气中的一部分？拉瓦锡特别倾向最后一种情况。

相关链接
XIANGGUAN LIANJIE

现代化学的形成

从16世纪开始，欧洲工业生产蓬勃兴起，推动了医药化学和冶金化学的创立和发展，使炼金术转向生活和实际应用，继而更加注意物质化学变化本身的研究。在元素的科学概念建立后，通过对燃烧现象的精密实验研究，建立了科学的氧化理论和质量守恒定律，随后建立了定比定律、倍比定律和化合量定律，为化学进一步科学地发展奠定了基础。

1775年前后，拉瓦锡用定量化学实验阐述了燃烧的氧化学说，开创了定量化学时期，使化学沿着正确的轨道发展。19世纪初，英国化学家道尔顿提出近代原子学说，突出地强调了各种元素的原子的质量为其最基本的特征，其中量的概念的引入，是与古代原子论的一个主要区别。近代原子论使当时的化学知识和理论得到了合理的解释，成为说明化学现象的统一理论。接着意大利科学家阿伏伽德罗提出分子概念。自从用原子—

分子论来研究化学，化学才真正被确立为一门科学。这一时期，建立了不少化学基本定律。俄国化学家门捷列夫发现元素周期律，德国化学家李比希和维勒发展了有机结构理论，这些都使化学成为一门系统的科学，也为现代化学的发展奠定了基础。

通过对矿物的分析，发现了许多新元素，加上对原子分子学说的实验验证，经典性的化学分析方法也有了自己的体系。草酸和尿素的合成、原子价概念的产生、苯的六环结构和碳价键四面体等学说的创立、酒石酸拆分成旋光异构体，以及分子的不对称性等等的发现，导致有机化学结构理论的建立，使人们对分子本质的认识更加深入，并奠定了有机化学的基础。

19世纪下半叶，热力学等物理学理论引入化学之后，不仅澄清了化学平衡和反应速率的概念，而且可以定量地判断化学反应中物质转化的方向和条件。相继建立了溶液理论、电离理论、电化学和化学动力学的理论基础。物理化学的诞生，把化学从理论上提高到一个新的水平。

相关链接
XIANGGUAN LIANJIE

化学的学科分类

化学在发展过程中，依照所研究的分子类别和研究手段、目的、任务的不同，派生出不同层次的许多分支。在20世纪20年代以前，化学传统地分为无机化学、有机化学、物理化学和分析化学四个分支。20世纪20年代以后，由于世界经济的高速发展，化学键的电子理论和量子力学的诞生、电子技术和计算机技术的兴起，化学研究在理论上和实验技术上都获得了新的手段，导致这门学科从20世纪30年代以来飞跃发展，出现了崭新的面貌。现在把化学内容一般分为生物化学、有机化学、高分子化学、应用化学和化学工程学、物理化学、无机化学等五大类，共80项，实际包括了七大分支学科。

根据当今化学学科的发展以及它与天文学、物理学、数学、生物学、医学、地学等学科相互渗透的情况，化学可作如下分类：

一、无机化学。包括元素化学、无机合成化

学、无机高分子化学、无机固体化学、配位化学（即络合物化学）、同位素化学、生物无机化学、金属有机化学、金属酶化学等。二、有机化学。包括普通有机化学、有机合成化学、金属和非金属有机化学、物理有机化学、生物有机化学、有机分析化学。三、物理化学。包括结构化学、热化学、化学热力学、化学动力学、电化学、溶液理论、流体界面化学、量子化学、催化作用及其理论等。四、分析化学。包括化学分析、仪器和新技术分析。五、高分子化学。包括天然高分子化学、高分子合成化学、高分子物理化学、高聚物应用、高分子物力。六、核化学。包括放射性元素化学、放射分析化学、辐射化学、同位素化学、核化学。七、生物化学。包括一般生物化学、酶类、微生物化学、植物化学、免疫化学、发酵和生物工程、食品化学等。八、表面化学。凡是在相界面上所发生的一切物理化学现象统称为界面现象或表面现象。研究各种表面现象实质的科学称为表面化学。其他与化学有关的边缘学科还包括地球化学、海洋化学、大气化学、环境化学、宇宙化学、星际化学等。

向燃素说发起总攻

> 正确的道路是这样的：吸取你的前辈所做
> 的一切，然后再往前走。
>
> ——托尔斯泰

1774年，秋。

10月的巴黎，金风送爽，气候宜人。

英国杰出的化学家，后来被人誉为"气体化学之父"的普利斯特列将要出访巴黎。

身为国务大臣谢尔邦伯爵的家庭秘书，两个月前他刚刚完成了一项惊人的实验，并发现了一种可助燃的新的气体。遗憾的是，他还未来得及对这种新气体进行深入的研究，就不得不放下工作，奉命陪同主人到欧洲旅行。普利斯特列负责伯爵的私人图书馆及其子女的教育，伯爵的赏识和慷慨大度，使他享得了优厚的待遇和优越的实验条件，为其进行科学研究奠定了基础，但与此同时，他也付出了沉重的代价——不能自由支配自己的时间。

他们游历了荷兰、比利时、德国，最后一站将是

法国。

　　法国上层社会的名流们在热切地等待着他们的到来。大英帝国重臣的造访，必定会对英法关系产生微妙的影响。

　　拉瓦锡也在热切地等待着他们的到来。对于普利斯特列他是仰慕已久，如今更是有许许多多的问题要与之探讨。

　　在拉瓦锡婚后的第二年，老拉瓦锡已为儿子买下了贵族头衔。现在，拉瓦锡早已跻身上层社会，可以堂而皇之地出入社交场所了。

　　灯火辉煌的宴会大厅，法国的王公贵族、社会名流们在为谢尔邦伯爵和普利斯特利一行接风洗尘。穿着黑色燕尾服的绅士们和穿着束腰鲸骨架裙的女士们，频频举起盛满香槟的高脚杯。拉瓦锡携年轻的夫人在觥筹交错中和人们寒暄着，目光却一直追随着普利斯特列，他多么盼望着这无聊的宴会早点儿结束，与普利斯特列的单独会晤早点儿进行。

　　两位科学巨人终于会面了。

　　在拉瓦锡的陪同下，普利斯特列访问法国皇家科学院，拜会有关院士。

　　在庄严的科学院学术大厅，普利斯特列发表热情洋溢的演讲，详细地介绍着自己的科学研究工作。

法国的科学家们屏息凝神地恭听着这位英国同仁的报告，大厅里响起阵阵热烈的掌声。

　　对于普利斯特列在气体研究方面的进展，拉瓦锡始终关注异常。他留心着英国科学家的出版物，并用法文作了摘要。同时，他对一些实验现象仍保留自己独到的见解。

　　在拉瓦锡的实验室里，他们继续晤谈，探讨了许多当时科学上的前沿问题，特别是燃烧问题。

　　科学没有国界。英格兰的天才儿子向法兰西的天才儿子揭示了新气体的秘密，并乘兴演示了制取这种新气体的实验：普利斯特列在一只大玻璃瓶底

英国化学家普利斯特列先于拉瓦锡制取了氧气

放了厚厚一层黄色的粉末——水银灰，把凸透镜聚焦的阳光投射到水银灰上。光照在粉末上形成了耀眼的光点。突然，粉末微微地抖动、腾跃，似乎有人在向它们吹气。几分钟后，在这个地方出现了小水银珠。

普利斯特列点燃干木条，将它放入玻璃瓶内。这时，木条燃着了，而且燃烧得更旺，火焰更亮。他迅速取出小木条，扑灭了火焰，把它再次放入玻璃瓶内，冒烟的木条竟又重新燃烧起来了。

普利斯特列的实验，使拉瓦锡茅塞顿开，他认识到，研究这种气体，可以解开许多燃烧之谜。

送走客人后，拉瓦锡立即运用倍数更大的凸透镜来重复普利斯特列的实验，他也获得了这种具有特殊性能的气体。为了谨慎从事，他在翌年多次重复了这个实验。

1775年，春。

拉瓦锡在科学院学术大厅宣读论文。他指出：用木炭加热水银灰能还原出汞，同时生成固定空气（二氧化碳）。由此可见，水银灰是真正的金属灰；用凸透镜加热水银灰时，则生成汞和另外一种气体。这种气体是在燃烧过程中与金属结合并使其增重的空气的纯净部分。它是一种元素，而不是燃素。

就这样，拉瓦锡率先向科学界发布了氧气的存在，那时他将氧称为"纯净空气"。

而普利斯特列于1774年11月初返回英国，在拉瓦锡之后，他也开始研究这种新气体的性质。通过几个月的实验，他成功地证明，空气中含有这种气体。更为纯净的这种气体不但维持着燃烧而且维持着呼吸。这就是氧气，但这位燃素说的忠实维护者却给它起名叫"脱燃素空气"。

1788年，拉瓦锡被吸收为英国皇家学会会员。图为早期油画中的英国皇家学会。

对燃素说的坚定信仰使普利斯特列陷入了思想的误区。正如法国著名科学家居维叶所言："普利斯特列是现代化学之父。但是，他始终不承认自己的亲生女儿。"

1776年，拉瓦锡把更多的精力投入到气体化学的研究中。

静静的实验室里，拉瓦锡和他的助手们在紧张地工作着。

拉瓦锡把水银溶解在硝酸溶液中，收集到亚硝酸空气（一氧化氮）。蒸发溶液，得到硝酸汞。他把得到的硝酸汞进行加热，硝酸汞变成了水银灰沉淀物。他再用大型凸透镜聚焦太阳光加热水银灰，又得到了水银和"纯净空气"。

整个实验过程中，水银的重量几乎没有变化。而且这个实验把硝酸分解为亚硝酸空气和"纯净空气"。由此，拉瓦锡得出结论：硝酸中含有"纯净空气"。

此后，又经过大大小小数十次实验，拉瓦锡发现，磷酸、硫酸中也含有"纯净空气"。于是，他认定：许多酸中都含有"纯净空气"。

基于上述认识，拉瓦锡在1977年9月5日的科学院学术会上，宣读了题为"燃烧概论"的科学论文，全面阐述了一种全新的关于燃烧的氧化理论，从而揭开了化学革命的序幕。

论文主要论点为：

1. 物质燃烧时，放出光和热。

2. 物质仅在"纯净空气"中燃烧。

早在1722年，拉瓦锡就进行了燃烧金刚石的实验（如图所示），把金刚石放置在玻璃钟罩内，用取火镜把日光聚焦在金刚石上，使金刚石燃烧，得到无色的气体，将该气体通入澄清的熟石灰水中，得到白色碳酸钙沉淀，正如燃烧木炭所得到的结果一样。他作出如下结论：在金刚石和木炭中含有相同的"基础"，命名为carbone（法文，英文在1789年间采用，去掉词尾e，成为carbon）。这一词来自拉丁文Carbo（煤、木炭），我们称为碳。碳的拉丁名称carbonium也由此而来，它的元素符号C就是采用它的拉丁名称的第一个字母。

3. "纯净空气"在燃烧过程中失去的重量，等于生成物所增加的重量。

4. 燃烧产物大多是一种酸性物质。许多酸和碱中都含有"纯净空气"。

这些在今天看来再普通不过的化学常识，在200多年前的科学界，却引起了非同寻常的轰动。新的氧化理论，揭穿了困扰人们千百年的有关燃烧的秘密。

就在普利斯特列、拉瓦锡研究氧气的同时，瑞典科学家舍勒也在从事这项工作。实际上，早在1773年以前，舍勒就已经做了大量的卓有成效的工作，通过实验，成功地制取了氧气，并写出了有关论文与专著。但令人遗憾的是，由于出版商的拖延，直到1777年文章才得以发表，致使舍勒的成果失去了原来应该具有的价值。

尽管命运对舍勒很不公平，但献身事业、科学道德高尚的舍勒对此并不很在意，他仍在科苑中骁勇驰骋。通过无数次的科学实验，他进一步证明：空气中主要含有两种气体，助燃的火气（氧）和不助燃的废气（氮）。

凭着对科学的敏感性，拉瓦锡很快接受了舍勒的观点，并通过自己的工作，特别是精确的定量分析实验，对此加以证明。

1780年，拉瓦锡发表论文，指出大气是由1/4的氧气和3/4的氮气所组成。不久，普利斯特列得出了更精确的实验结果：空气中含有1/5的氧和4/5的氮（按体积计算）。

1781年，拉瓦锡的重要论文《酸的性质及其组成要素通论》发表了。此篇论文中拉瓦锡明确提出：所有的酸都是由非金属与空气中的助燃部分结合而成的；并把这种助燃空气正式命名为成酸要素。

现在通用的氧元素的命名为Oxygen，就是由希腊文"成酸要素"一词演变而来的。把这种新气体元素命名为氧气，很快为科学界所认同，这不能不说是拉瓦锡的又一个功劳。

在遥远的古代，人们对于空气的组成，特别是关于氧气已经有了粗浅的认识。

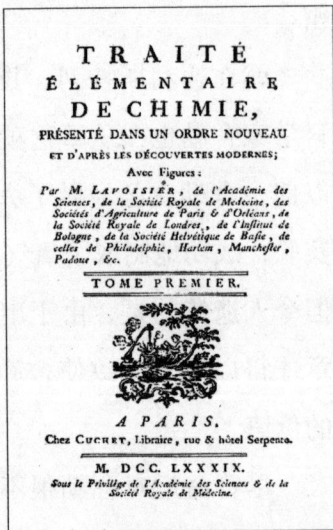

TRAITÉ
ÉLÉMENTAIRE
DE CHIMIE,
PRÉSENTÉ DANS UN ORDRE NOUVEAU
ET D'APRÈS LES DÉCOUVERTES MODERNES;

Avec Figures:
Par M. LAVOISIER, de l'Académie des Sciences, de la Société Royale de Médecine, des Sociétés d'Agriculture de Paris & d'Orléans, de la Société Royale de Londres, de l'Institut de Bologne, de la Société Helvétique de Basle, de celles de Philadelphie, Harlem, Manchester, Padoue, &c.

TOME PREMIER.

A PARIS,
Chez CUCHET, Libraire, rue & hôtel Serpente.

M. DCC. LXXXIX.
Sous le Privilège de l'Académie des Sciences & de la Société Royale de Médecine.

拉瓦锡把质量不变的规律作为他思维推理的前提，这种质量守恒的思想在他1789年出版的《化学纲要》中，作了清楚的阐述，这是他对化学发展的又一突出的贡献。

公元8世纪的东方，唐朝的马和在他的手抄本《平龙认》中指出，大气由阴、阳二气组成，物质燃烧时，与大气中的阴气生成混合物。这位炼丹家所说的阴气，就是我们今天说的氧气。这是世界上最早的关于氧气的文字记载。

意大利文艺复兴时期，天才的列奥纳多·达·芬奇也有这方面的论述。

到了17世纪，欧洲先后有数位科学家通过对燃烧和呼吸的研究，发现了空气中存在着两种截然相反的气体。但他们受传统观念禁锢，学术思想上墨守成规，未能越雷池一步，因而严重阻碍了他们在这个领域的深入进展。只有化学家德莱贝尔不但用加热硝石的方法制取了氧气，而且还在他发明的潜水艇中予以应用。可惜，当时这个发现秘而未宣，加之德莱贝尔也没有对氧的性质加以研究，因此，这个发现对后来的科学研究没有产生影响，在烟波浩渺的科学史海洋中就很难找到它的踪迹了。

瑞典化学家舍勒曾先于拉瓦锡，用两种方法制取了氧气。第一种方法是，把酸类物质加热，使其放出各种气体，然后用苛性碱液除去其他气体，从而制得氧气；另一种方法是，把黑锰矿与浓硫酸混合后蒸馏，使它们发生反应生成各种气体，通过蒸馏除去其他气体，进而制取氧气。

　　通过实验，舍勒还证明，大气中也存在着他制得的这种气体。当某种物质在这种气体或普通空气中燃烧后，这种气体便消失了，因此他把这种气体叫作"火气"。燃素说的禁锢使他错误地认为燃烧是火气与燃烧物中燃素结合的过程，火和热是火气与燃素化合的产物，最终未能对燃烧现象作出科学的正确的阐述。

化学家：
发现世界的本质

第一排左起：拉瓦锡、舍勒、道尔顿、阿伏伽德罗、戴维；第二排右起：本生、诺贝尔；第三排右起：范特霍夫、门捷列夫；第四排左起：阿累尼乌斯、伊伦·居里、西博格、霍奇金、福井谦一。

　　英国化学家普利斯特列也先于拉瓦锡制取了氧气。当他给硝面加热时，硝面放出了气体。他把蜡烛放在这种气体中，发现烛火要比在空气中更加炽热明亮，但他却认为是这种气体中混入了硝石微粒所致，故并没有引起注意。而在后来的加热水银灰的实验中，他又收集到了这种气体。当他将燃烧的蜡烛放进这种气体时，火焰突然显亮了起来；他将小白鼠放进这种气体，发现小白鼠要比在普通空气中寿命延长4倍；他亲自尝试一下，觉得这种气体确实使人呼吸顺畅，格外舒服。

　　通过一系列的实验，普利斯特列确认这种气体确实是不同于其他气体的物质元素。但他却坚持认为空气是一种单一的气体，其助燃力之所以不同，是因为其燃素的含量不同。从水银灰中分解出来的气体之所以助燃力强，是因其是"脱燃素空气"。空气一旦被燃素所饱和，就不会再助燃。

　　普利斯特列和舍勒都是气体化学的杰出贡献者，但也都是"燃素说"的忠实信徒。因此，当科学的珍珠摆在他们面前时，他们却视而不见。僵化的思想将他们引入了歧途，本来他们的科研成果已经为推翻全部"燃素说"做好了准备，但他们却在真理碰到鼻子尖上的时候错过了它。他们囿于经验主义，短于理论创造，最终在化学革命中功亏一篑。

而拉瓦锡则与他们不同。他善于及时把别人的实验工作移植过来，并用自己的定量实验给予补充和加强，然后再用严格的合乎逻辑的步骤，加以理论上的正确阐述和概括。特别是在科学研究中，他能够解放思想，敢于冲破传统观念的束缚，进而向统治化学长达百年的"燃素说"发起攻击，完成了18世纪化学领域内最深刻的革命。

公元1783年初夏，身兼法国火药局总监的拉瓦锡，在局里为其提供的设备一流的实验室里，与来自英国的查理士·布莱格登进行会晤。

← 拉瓦锡像

拉瓦锡向这位来自英吉利海峡彼岸的物理学家、化学家谈到了近来一直困扰着他的"可燃空气"（氢气）问题，并把自己不成功的实验，也详细地介绍给这位异国同行。

"我认为，问题是可以解决的。"布莱格登胸有成竹地说，"很简单，'可燃空气'燃烧时形成了水。"

"不可能！"拉瓦锡震惊了，"既然它不是那么不可思议，那就请您详细给我讲讲。"

"我的朋友亨利·卡文迪许证明，如果把普通空气与'可燃空气'混合放在密闭的器皿里，点燃混合物，器壁上就会出现水珠。"

布莱格登把卡文迪许的关于水的合成的实验成果告诉了拉瓦锡，拉瓦锡恍然大悟："这就是说，连水也不是元素，而是复杂的物质。"

拉瓦锡立即进行了跟踪实验。

宽敞明亮的实验室里聚集了好多闻讯赶来的科学界名流。拉瓦锡和拉普拉斯根据布莱格登绘制的草图准备了实验装置。

当着众多法国科学院院士及布莱格登的面，他们进行了氧气和氢气混合物的配比燃烧实验。

实验成功了，在器壁上确实出现了水珠。

实验结束的第二天，拉瓦锡就向科学院提交了论文，明确指出：水不是元素，而是由氧元素和氢元素化合而成的。

最先发现水的组成的不是拉瓦锡，但最早给予正确解释并率先公布这一成果的是拉瓦锡。

1781年，普利斯特列开始研究电火花对气体的作用。在一次实验中，功率很大的新电机发出的电火花

1777年，拉瓦锡对汞进行加热，发现随着红色的汞渣的生成，空气的体积减小了1/5。接着，拉瓦锡对汞渣继续加热，结果从汞渣中还原出汞，并释放出了大量气体，这种气体可以使蜡烛燃烧得更旺，并有益于动物的呼吸。拉瓦锡把与汞结合的气体称为"生命气体"，因为它是呼吸所必需的；剩下的气体叫作"无生命气体"，因为它会让蜡烛熄灭，令动物窒息。后来，人们将"生命气体"改称氧，将"无生命气体"改称氮。

产生了奇妙的现象。当火花通过氢气和氧气的混合物时，普利斯特列等人发现，器壁上形成了"露珠"。但普利斯特列却未能立即抓住这种现象做进一步的研究，他只是感到奇怪，并将这一现象告诉了著名发明家、蒸汽机之父瓦特和卡文迪许。他们对此发生了浓厚的兴趣并进行了富有成效的研究。

1783年，瓦特通过实验证明，水是由"脱燃素空气"（氧）和"可燃性空气"（氢）或燃素组成的。

卡文迪许更深入地进行了这项工作。他定量地重复了这个实验，并收集了燃烧时器壁上出现的露珠，明确指出，这是纯净的水。与此同时，他还发现：一个体积的氧气恰好与2.02个体积的氢气结合成水。

但卡文迪许却力图用燃素说的观点来解释这种现象，他认为"易燃空气"（氢）几乎是纯净的燃素，而氧则是脱燃素的空气。于是，他把水的生成说成是这两种气体的化合。尽管如此，他对水的组成确是做出了最为出色的实验证明。

同年，法国数学家蒙日在与卡文迪许和拉瓦锡等人无关的情况下，独自实现了由氢、氧元素合成水。他和卡文迪许一样，发现两个体积的氢气和一个体积的氧气化合在一起，而且测出化合而成的水的重量恰好等于化合气体的重量总和。

翌年，拉瓦锡又进行了水的分解的实验。

在炽热的铁管中，一滴一滴地点入水珠，水在高温下分解了。氧气与铁化合，形成氧化铁，氢气则在水中被捕集。

这样，拉瓦锡从合成和分解两个方面验证了水的组成，从而使他的理论更是令人信服、无懈可击。

水是一种化合物，空气是一种含有多种气体的混合物，火是一种燃烧现象，土则是一种更为复杂的物质，它们全都不是元素。至此，千百年流传下来的四元素说，炼金家的三要素理论等均被彻底否定了。在对这些传统观念的批判中，拉瓦锡是一员主将。

弄清了水的组成，使拉瓦锡的科学燃烧理论走向完备。这个全新理论的建立，使化学科学割断了与古代炼金术所保留的最后一丝联系。从此，化学研究遵循着物质的本来面目蓬勃发展。拉瓦锡也因此被誉为"现代化学之父"。

恩格斯在《自然辩证法》一书中指出："拉瓦锡在普利斯特列制出的氧中发现了幻想的燃素的真实的对立物，因而推翻了全部的燃素说。"恩格斯认为，由于拉瓦锡提出了燃烧的氧化理论，"使过去在燃素说形式上倒立着的全部化学正立过来了"。

相关链接
XIANGGUAN LIANJIE

化学的四个作用

第一，化学保证人类的生存并不断提高人类的生活质量。例如，利用化学生产化肥和农药，以增加粮食产量；利用化学合成药物，以抑制细菌和病毒，保障人体健康；利用化学开发新能源、新材料，以改善人类的生存条件；利用化学综合应用自然资源和保护环境以使人类生活得更加美好。

第二，化学是一门实用的学科，它与数学、物理等学科共同成为自然科学迅猛发展的基础。化学的核心知识已经应用于自然科学的各个区域，化学是创造自然、改造自然的强大力量的重要支柱。目前，化学家们运用化学的观点来观察和思考社会问题，用化学的知识来分析和解决社会问题，如能源问题、粮食问题、环境问题、健康问题、资源与可持续发展等问题。

第三，化学与其他学科的交叉与渗透，产生了很多边缘学科，如生物化学、地球化学、宇宙化学、海洋化学、大气化学等等，使得生物、电子、航天、激光、地质、海洋等科学技术迅猛发展。

第四，化学培养了人类不断进取、发现、探索、好奇的心理，激发人类对理解自然、了解自然的渴望，丰富人的精神世界。当今，化学日益渗透到生活的各个方面，特别是与人类社会发展密切相关的重大问题。总之，化学与人类的衣、食、住、行以及能源、信息、材料、国防、环境保护、医药卫生、资源利用等方面都有密切的联系，它是一门社会迫切需要的实用学科。

化学语言的产生

才华总是通过独立的（精神上的）活动才能成长起来的。

——车尔尼雪夫斯基

18世纪的化学，犹如刚刚从母体中分娩出的婴儿，处处留有母体的印记。当时的许多化学符号，还在沿用着炼金术符号。这些符号晦涩怪异，与物质的实质毫不相干，所以初学者很难掌握它，学生们只好靠死记硬背。这种状况曾令许多人对化学望而生畏，举步不前，在某种程度上制约了化学的发展速度。而18世纪的欧洲，正处于科学技术发展迅猛的全盛时期，物质种类不断增多，新的元素相继被发现，因此，化学物质的系统命名就成了当务之急。

德莫沃最先意识到这个问题。这位集化学家、法学家、天文学家、诗人、政治活动家于一身的法兰西天才，于1782年率先发表文章，论述了化学命名法的问题。

在化学理论建设方面颇具远见卓识的拉瓦锡，立即敏锐地感觉到这一创举的潜在意义，同时他也从自身的实践中深深体会到，只有对化学术语进行彻底的改革，才能最终实现他在物理学和化学上进行一场革命的夙愿，才能真正赢得更多的化学家对他的燃烧理论的支持，才能完成建立化学新体系的宏伟工程。

拉瓦锡与德莫沃建立了科学研究的合作关系。

德莫沃是位在化学领域颇有建树的资深科学家，年长拉瓦锡6岁。他创办了生产硝石的化学工厂，在法国最先组织了碱的工业化生产。他系统研究了无机物的性质，参与创建最古老的化学杂志《化学年鉴》，为化学成为一门独立的科学作出了积极的贡献。他还是拉瓦锡的氧化理论的首批少数支持者之一。

在一次例行的科学家聚会中，德莫沃来到拉瓦锡身旁说："我可以和您谈谈我认为是非常重要的一些问题吗？"

"非常愿意为您效劳。"拉瓦锡回答。

"目前，化合物的名称极其混乱，不知道您对这个问题是否感兴趣。"

"我完全同意您的意见。"

"眼下我们正在筹备出版《教学法百科辞典》的化学部分。因为现有的名称远远不能对所有的问题给予

详尽的回答，所以，我已着手拟制化合物新的命名法。当然，这不是一件轻而易举的事，我需要诸位大化学家的支持。"

"这么说，您应该去请教富克鲁瓦。"

"我已经去过了，回头我还要找伯托利特谈谈，我们应该在一起共同讨论这个复杂的问题。您看，就连燃素这个著名的概念在编写时也产生了困难。"

"燃素？没有任何燃素。德莫沃先生，我的理论已经解决了这个问题，这是个虚幻的错误的认识。"

"您的理论？"德莫沃瞧着拉瓦锡，有些惊异。

拉瓦锡理解他的困惑，因为氧化理论的提出尽管已经有七八年了，但并未得到科学界的普遍认同，支持者寥寥无几，人们认识它需要有个过程。拉瓦锡向德莫沃简略地讲述了关于燃烧的氧化理论的要点。

"根据这个理论，我可以作出某些推测。例如金属灰，它是金属和氧气的化合物，我们可以称它为金属氧化物。将来，锌灰就叫氧化锌，铁灰就叫氧化铁。那么，什么是'固定空气'呢？通过实践我已证明，这是碳和氧的化合物，我们不妨叫它为氧化碳吧。"

"妙极了！您的理论——这是化学中的革命！"德

莫沃欣喜若狂，大声说道。

"您的化学命名法将会推动这场革命。"拉瓦锡平静地说。

两位科学家所谈论的问题是化学语言的问题，是一种科学界便于相互沟通、相互了解的语言，是一种借助它能准确、鲜明而又简易地表达出物质的所有化学变化的语言。

时隔不久，著名科学家伯托利特和富克鲁瓦应德莫沃之邀，也都参与了这项具有里程碑意义的工作。

伯托利特是接受拉瓦锡氧化理论的第一位法国化

1789年，法国大革命爆发，拉瓦锡由于曾经担任过包税官而入狱，被诬陷与法国的敌人有来往，犯有叛国罪，于1794年5月8日被处死。

学家，他早年曾经研究医学科学，1778年获医学博士学位，之后的两年内连续发表17篇科学论文，因此在法国学术界名声大振。晚年备受拿破仑推崇，曾任其化学教师并随之远征埃及。

富克鲁瓦是位医学科学家，较早支持拉瓦锡的氧化理论者之一。他对某些生理过程的化学研究作出了杰出的贡献，客观上促进了反燃素学说的建立。1785年，他被选入科学院，晚年曾任俄国彼得堡科学院名誉院士。

拉瓦锡被处死后，巴黎人为拉瓦锡塑了雕像。后来人们发现，雕塑的竟然不是拉瓦锡的头像。

公元1787年，经过几位科学家的通力合作，《化学命名法》一书在巴黎出版了。书中所述的化学物质命名法则规定：每种物质必须有一个固定的名称，单质的名称尽可能地表达出它们的特征，化合物的名称必须根据它所含的单质表示出它们的组成。酸类、碱类用它们所含的元素命名，盐类用构成它们的酸碱来命名。过去被称为金属灰的物质，根据它们的组成改称为金属氧化物；原来被称为矾油或矾酸的改称硫酸。

《化学命名法》的问世，使化学术语体系简单明了，因而受到国内外化学家的普遍欢迎，很快为各国所采用。这本书出版后被数次再版翻印，并被译成多种文字，随着拉瓦锡的化学理论在全世界传播。直到今天，我们所用的大部分化学术语，都是沿用或根据这一命名法则而来的。

拉瓦锡被砍头之后，大数学家拉格朗日非常悲愤地说："砍掉拉瓦锡的脑袋只需要一瞬间，但是再长出这样一个脑袋，一百年也不够。"

近代化学于19世纪中叶传入中国，以徐寿为首的一批开明学者，采用了以谐音为主、会意为辅的方法，即根据拉丁文的第一音节，考虑元素的突出性质来翻译和造字。这一方法，与拉瓦锡倡导的命名原则基本是一致的。

相 关 链 接
XIANGGUAN LIANJIE

诺贝尔化学奖得主（1951年—2000年）

1951年

1.麦克米伦，美国人，发现和研究超铀元素镎、锔、锫、锎等；2.西博格（1912—　），美国人，发现和研究超铀元素镎、锔、锫、锎等。

1952年

1.A.马丁，英国人，发明分配色谱法；2.辛格，英国人，发明分配色谱法。

1953年

施陶丁格，德国人，提出大分子概念。

1954年

鲍林，美国人，研究化学键的本质。

1955年

杜·维尼奥，美国人，合成多肽和激素。

1956年

1.谢苗诺夫，苏联人，研究气相反应化学动力学；2.欣谢尔伍德，美国人，研究气相反应化学动力学。

1957 年

托德，英国人，研究核苷酸和核苷酸辅酶。

1958 年

桑格，英国人，测定胰岛素分子结构。

1959 年

海洛夫斯基，捷克人，发明极谱分析法。

1960 年

利比，美国人，发明用放射性碳—14 测定地质年代的方法。

1961 年

开尔文，美国人，研究光合作用的化学过程。

1962 年

1.约翰·肯德鲁，英国人，测定血红蛋白的结构；2.马克斯·佩鲁兹，英国人，测定血红蛋白的结构。

1963 年

1.纳塔，意大利人，研究乙烯和丙烯的催化聚合反应；2.齐格勒，德国人，研究乙烯和丙烯的催化聚合反应。

1964 年

霍奇金，女，英国人，测定抗恶性贫血症的

生化化合物维生素B12的结构。

1965年

伍德沃德，美国人，人工合成固醇、叶绿素、维生素B12和其他只存在于生物体中的物质。

1966年

米利肯，美国人，用分子轨道法研究化学键和分子结。

1967年

1.艾根，德国人，研究极其快速的化学反应；2.诺里什，英国人，研究极其快速的化学反应；3.波特，英国人，研究极其快速的化学反应。

1968年

翁萨格，美国人，创立不逆过程的热力学理论。

1969年

1.巴顿，英国人，研究有机化合物的三维构象；2.哈塞尔，3.挪威人，研究有机化合物的三维构象。

1970年

莱洛伊尔，阿根廷人，发现糖核苷酸及其在碳水化合物合成中的作用。

1971年

赫茨伯格，加拿大人，研究分子光谱，特别是自由基的电子结构。

1972年

1.安芬林，美国人，研究酶化学的基本理论；2.摩雷，美国人，研究酶化学的基本理论；3.斯坦，美国人，研究酶化学的基本理论。

1973年

1.费歇尔，德国人，研究金属有机化合物；2.威尔金森，英国人，研究金属有机化合物。

1974年

弗洛里，美国人，因在高分子溶液理论和相对分子质量测定等方面的突出贡献而荣获诺贝尔化学奖。

1975年

1.康福思，英国人，研究立体化学；2.普雷洛格，瑞士人，研究立体化学。

1976年

利普斯科姆，美国人，研究硼烷、碳硼烷的结构。

1977年

普里戈金，比利时人，研究热力学中的耗散结构理论。

1978年

米切尔，英国人，研究生物系统中利用能量转移过程。

1979年

1.布朗，美国人，在有机合成中利用硼和磷的化合物；2.维蒂希，德国人，在有机合成中利用硼和磷的化合物。

1980年

1.吉尔伯特，美国人，第一次制备出混合脱氧核糖核酸；2.伯特，美国人，建立脱氧核糖核酸结构的化学和生物分析法；3.桑格，英国人，建立脱氧核糖核酸结构的化学和生物分析法。

1981年

1.福井谦一，日本人，解释化学反应中的分子轨道对称性；2.霍夫曼，美国人，提出分子轨道对称守恒原理。

1982年

克卢格，英国人，测定生物物质的结构。

1983年

陶布，美国人，研究络合物和固氮反应机理。

1984年

梅里菲尔德，美国人，研究多肽合成。

1985年

1.豪普特曼，美国人，发展测定分子和晶体结构的方法；2.卡尔勒，美国人，发展测定分子和晶体结构的方法。

1986年

1.赫希巴赫，美国人，研究交叉分子束方法；2.李远哲，美籍华人，研究交叉分子束方法；3.波拉尼，德国人，研究交叉分子束方法。

1987年

1.佩德森，美国人，合成了具有特殊性能的低分子量的有机化合物，在分子的研究和应用方面做出贡献；2.莱恩，法国人，合成了具有特殊性能的低分子量的有机化合物，在分子的研究和应用方面做出贡献；3.克拉姆，美国人，合成了具有特殊性能的低分子量的有机化合物，在分子的研究和应用方面做出贡献。

1988年

1.罗伯特·休伯，德国人，首次确定了光合

作用反应中心的立体结构，揭示了模结合的蛋白质配合物的结构特征；2.约翰·戴森霍弗，德国人，首次确定了光合作用反应中心的立体结构，揭示了模结合的蛋白质配合物的结构特征；3.哈特穆特·米歇尔，德国人，首次确定了光合作用反应中心的立体结构，揭示了模结合的蛋白质配合物的结构特征。

1989年

奥特曼，美国人，因发现RNA的生物催化作用而获奖。

1990年

科里，美国人，创建了独特的有机合成理论——逆合成分析理论，使有机合成方案系统化并符合逻辑。他根据这一理论编制了第一个计算机辅助有机合成路线的设计程序，于1990年获奖。

1991年

恩斯特，瑞士人。他发明了傅里叶变换核磁共振分光法和二维核磁共振技术而获奖。经过他的精心改进，使核磁共振技术成为化学的基本和必要的工具，他还将研究成果应用扩大到其他学科。1966年，他与美国同事合作，发现用短促的强脉冲取代核磁共振谱管用的缓慢扫描无线电波，能显著提高核磁共振技术的灵敏度。他的发现使该技术能用于分析大量更多种类的核和数量较少的物质，他在核磁共振光谱学领域的第二个重要贡献，是一种能高分辨率地."二维"地研究很大分子的技术。科学家们利用他精心改进的技术，能够确定有机和无机化合物以及蛋白质等生物大分子的三维结构，研究生物分子与其他物质，如金属离子、水和药物等之间的相互作用，鉴定化学物种，研究化学反应速率。

1992年

马库斯，加拿大裔美国科学家，他用简单的数学方式表达了电子在分子间转移时分子体系的能量是如何受其影响的，他的研究成果奠定了电子转移过程理论的基础，以此获得1992年诺贝尔奖。他从发现这一理论到获奖隔了二十多年。他的理论是实用的，它可以解释腐蚀现象，解释植物的光合作用，还可以解释萤火虫发出的冷光，现在假如孩子们再提出"萤火虫为什么发光"的问题，那就更容易回答。

1993年

1. 史密斯（1932—2000），加拿大科学家。史密斯由于发明了重新编组DNA的"寡聚核苷酸定点突变"法，即定向基因的"定向诱变"而获得了1993年诺贝尔奖。该技术能够改变遗传物质中的遗传信息，是生物工程中最重要的技术。这种方法首先是拼接正常的基因，使之改变为病毒DNA的单链形式，然后基因的另外小片段可以在实验室里合成，除了变异的基因外，人工合成的基因片段和正常基因的相对应部分分列成行，犹如拉链的两条边，全部戴在病毒上。第二个DNA链的其余部分完全可以制作，形成双螺旋，这种DNA病毒感染了细菌，再生的蛋白质就是变异性的，不过可以病选和测试，用这项技术可以改变有机体的基因，特别是谷物基因，改善它们的农艺特点。利用史密斯的技术可以改变洗涤剂中酶的氨基酸残基（橘红色），提高酶的稳定性。

2. 穆利斯，美国科学家。穆利斯发明了高效复制DNA片段的"聚合酶链式反应（PCR）"方法，于1993年获奖。利用该技术可从极其微量的样品中大量生产DNA分子，使基因工程又获得了一个新的工具。1985年，穆利斯发明了"聚合酶链反应"的技术，由于这项技术问世，能使许多专家把一个稀少的DNA样品复制成千百万个，用以检测人体细胞中艾滋病病毒，诊断基因缺陷，可以从犯罪的现场，搜集部分血和头发进行指纹图谱的鉴定。这项技术也可以从矿物质里制造大量的DNA分子，方法简便，操作灵活。整个过程是把需要的化合物质倒在试管内，通过多次循环，不断地加热和降温。在反应过程中，再加两种配料，一是一对合成的短DNA片段，附在需要基因的两端做"引子"；第二个配料是酶，当试管加热后，DNA的双螺旋分为两个链，每个链出现"信息"，降温时，"引子"能自动寻找他们的DNA样品的互补蛋白质，并把它们合起来，这样的技术可以说是革命性的基因工程。

1994年

欧拉，匈牙利裔美国人，由于他发现了使碳阳离子保持稳定的方法，在碳正离子化学方面的研究而获奖。研究范畴属有机化学，在碳氢化合

物方面的成就尤其卓著。早在20世纪60年代就发表大量研究报告并享誉国际科学界，是化学领域里的一位重要人物，他的这项基础研究成果对炼油技术作出了重大贡献，这项成果彻底改变了对碳阳离子这种极不稳定的碳氢化合物的研究方式，揭开了人们对阳离子结构认识的新一页，更为重要的是他的发现可广泛用于从提高炼油效率、生产无铅汽油到改善塑料制品质量及研究制造新药等各个行业，对改善人民生活起着重要作用。

1995年

克鲁岑、莫利纳、罗兰率先研究并解释了大气中臭氧形成、分解的过程及机制，指出，臭氧层对某些化合物极为敏感，空调器和冰箱使用的氟利昂、喷气式飞机和汽车尾气中所含的氮氧化物，都会导致臭氧层空洞扩大。他们于1995年获奖。臭氧层位于地球大气的平流层中，能吸收大部分太阳紫外线，保护地球上的生物免受损害，而正是他们阐明了导致臭氧层损耗的化学机理，并找到了人类活动会导致臭氧层损耗的证据，在这些研究推动下，保护臭氧层已经成为世界关注的重大环境课题，1987年签订蒙特利尔议定书，规定逐步在世界范围内禁止氯、氟、烃等消耗臭氧层物质的使用。

1. 罗兰，美国化学家。发现人工制作的含氯、氟、烃推进剂会加快臭氧层的分解，破坏臭氧层，引起联合国重视，使全世界范围内禁止生产损耗臭氧层的气体。

2. 莫利纳，美国化学家。因20世纪70年代期间关于臭氧层分解的研究而获1995年诺贝尔奖。莫利纳与罗兰发现一些工业产生的气体会消耗臭氧层，这一发现导致20世纪后期的一项国际运动，限制含氯、氟、烃气体的广泛使用。他经过大气污染的实验，发现含氯、氟、烃气体上升至平流层后，紫外线照射将其分解成氯、氟和碳元素。此时，每一个氯原子在变得不活泼前可以摧毁将近10万个臭氧分子，莫利纳是描述这一理论的主要作者。科学家们的发现引起一场大范围的争论。20世纪80年代中期，当在南极地区上空发现所谓的臭氧层空洞——臭氧层被耗尽的区域时，他们的理论得到了证实。

3. 克鲁岑，荷兰人。由于证明了氮的氧化物

会加速平流层中保护地球不受太阳紫外线辐射的臭氧的分解而获奖，虽然他的研究成果一开始没有被广泛接受，但为以后的其他化学家的大气研究开通了道路。

1996年

英国人克鲁托与美国人斯莫利、柯尔一起，因发现碳元素的第三种存在形式——C60（又称"富勒烯""巴基球"），而获1996年诺贝尔化学奖。在科学家们获得富勒烯后的六年中已经合成了1000多种新的化合物，这些化合物的化学、光学、电学、力学或生物学性能都已被测定。富勒烯的生产成本仍太高，因此限制了它们的应用。今天已经有了一百多项有关富勒烯的专利，但仍需探索，以使这些激动人心的富勒烯在工业上得到大规模的应用。

1997年

1997年化学奖授予保罗·波耶尔、约翰·沃克、因斯·斯寇三位科学家，表彰他们在生命的能量货币——腺三磷的研究上的突破。

1.因斯·斯寇，丹麦人。因斯·斯寇最早描述了离子泵——一个驱使离子通过细胞膜定向转运的酶，这是所有的活细胞中的一种基本的机制。自那以后，实验证明细胞中存在好几种类似的离子泵。他发现了钠离子、钾离子—腺三磷酶——一种维持细胞中钠离子和钾离子平衡的酶。细胞内钠离子浓度比周围体液中低，而钾离子浓度则比周围体液中高。钠离子、钾离子—腺三磷酶以及其他的离子泵在我们体内必须不断地工作。如果它们停止工作，我们的细胞就会膨胀起来，甚至胀破，我们立即就会失去知觉。驱动离子泵需要大量的能量——人体产生的腺三磷中，约三分之一用于离子泵的活动。

2. 约翰·沃克，英国人。约翰·沃克把腺三磷制成结晶，以便研究它的结构细节。他证实了波耶尔关于腺三磷怎样合成的提法，即"分子机器"，是正确的。1981年约翰·沃克测定了编码组成腺三磷合成酶的蛋白质基因（DNA）。

3. 保罗·波耶尔，美国人。保罗·波耶尔与约翰·沃克阐明了腺三磷体合成酶是怎样制造腺三磷的。在叶绿体膜、线粒体膜以及细菌的质膜中都可发现腺三磷合成酶。膜两侧氢离子浓度差驱动腺三磷合成酶合成腺三磷。保罗·波耶尔运用

化学方法提出了腺三磷合成酶的功能机制，腺三磷合成酶像一个由α亚基和β亚基交替组成的圆柱体。在圆柱体中间还有一个不对称的γ亚基。当γ亚基转动时（每秒100转），会引起β亚基结构的变化。保罗·波耶尔把这些不同的结构称为开放结构、松散结构和紧密结构。

1998年

1. 约翰·包普尔，美国人。他提出波函数方法而获诺贝尔化学奖。他发展了化学中的计算方法，这些方法是基于对薛定谔方程中的波函数作不同的描述。他创建了一个理论模型化学，其中用一系列越来越精确的近似值，系统地促进量子化学方程的正确解析，从而可以控制计算的精度，这些技术是通过高斯计算机程序向研究人员提供的。今天这个程序在所有化学领域中都用来作量子化学的计算。

2. 瓦尔特·科恩，美国人。因提出了密度函数理论，而获诺贝尔化学奖。早在1964年—1965年，瓦尔特·科恩就提出：一个量子力学体系的能量仅由其电子密度所决定，这个量比薛定谔方程中复杂的波函数更容易处理得多。他还提供一种方法来建立方程，从其解可以得到体系的电子密度和能量，这种方法称为密度泛函理论，已经在化学中得到广泛应用，因为方法简单，可以应用于较大的分子。

1999年

1999年诺贝尔化学奖授予出生于埃及的科学家艾哈迈德·泽维尔，以表彰他应用超短激光闪光成照技术观看到分子中的原子在化学反应中如何运动，从而有助于人们理解和预期重要的化学反应，为整个化学及其相关科学带来了一场革命。

2000年

1.艾伦－J－黑格，美国人。他是半导体聚合物和金属聚合物研究领域的先锋，目前主攻能够用作发光材料的半导体聚合物，包括光致发光、发光二极管、发光电气化学电池以及激光等等。这些产品一旦研制成功，将可以广泛应用在高亮度彩色液晶显示器等许多领域。

2.艾伦－G－马克迪尔米德，美国人。他从1973年就开始研究能够使聚合材料能够像金属一样导电的技术，并最终研究出了有机聚合导体技

术。这种技术的发明对于物理学研究和化学研究具有重大意义，其应用前景非常广泛。

3. 白川英树，日本人。白川英树在发现并开发导电聚合物方面作出了引人注目的贡献，这种聚合物目前已被广泛应用到工业生产上去。

化学革命的总结

> 从科学园地采取的果实，如同农人的收获一样，常常是工作与幸运和有利的共同产物。
>
> ——贝齐里乌斯

拉瓦锡的理论日益巩固，被广泛地传播和承认。

1783年，为了宣告燃素说的破产，由拉瓦锡夫人当众仪式性地焚烧了施塔尔燃素说的书籍，以示氧化学说的胜利。

1785年以后，与拉瓦锡交往的大多数化学家都已接受了他的新思想，与传统的燃素说分道扬镳。但仍有少数人，包括像普利斯特列这样的著名科学家，他们仍在忠实地维护燃素说摇摇欲坠的统治，千方百计地想从理论上和实践上来弥补燃素说的破绽和不足。

因此，拉瓦锡决定根据新的理论写出一部化学教科书。它要与以往教科书中的旧传统旧观念实行彻底决裂，为未来化学家的工作打下新的基础。

公元1778年至1780年间，拉瓦锡曾写出了书的提

纲。历经10年磨砺，公元1789年，伴随着法国大革命的隆隆炮火，该书终于在巴黎问世了。这就是化学史上具有里程碑意义的名著——《化学纲要》。此书对科学的贡献，完全可以和牛顿的《自然哲学的数学原理》、达尔文的《物种起源》相媲美。

《化学纲要》内容十分丰富，几乎总括了拉瓦锡有关化学研究的全部成果。书中介绍了各种气体的性质和制备，分析了空气的成分，酸、碱、盐以及物质的氧化、发酵、腐败等问题，详尽地论述了推翻燃素说的各种实验事实和燃烧的氧化理论。

书中阐述的观点基本上是现代化学的有关观点，拉瓦锡对各种化学现象都提出了自己的真知灼见，但他终究是那个时代的人物，不可能完全超脱当时的一些思想观念的影响。他虽然扬弃了燃素这一旧的称谓，但却仍然坚持热质说，因而仍留有燃素的某些特征。他认为氧气是氧元素和热质的化合物，当氧气和某种金属化合时，热质逸出，在反应中以热的形式出现。对于热的性质的这种看法和认为酸类都含有氧的观点，是拉瓦锡化学理论体系中最严重的两大错误。它们给化学家们带来不少麻烦，影响所及跨越世纪。

书中叙述了酸和碱结合成中性盐的过程，详细地介绍了氧气、氢气、硫和它们的盐，包括已知的无机盐、有机酸所形成的盐，特别强调这些盐的命名。书中还描述了化学实验所需要的仪器及使用方法，特别详细介绍了处理气体的实验装置。书的最后还附录了提供给化学家的常用数据，其中包括重量、长度、比重以及气体和液体的密度等。

《化学纲要》一书的问世，拉瓦锡夫人玛丽也付出了辛勤的努力。她不但负责全部手稿的准备工作，而且对第三章进行了美术加工，其中的全部插图都是玛丽的手笔，最后的插图制版也是由她来完成的。

清理化学思想上的混乱，是拉瓦锡编写《化学纲要》的目标之一。书中所包含的思想是极其深刻的。他根据对化学研究的多年实践，加以哲学的思考，给

元素作了贴切的定义，并列出了世人公认的第一张化学元素表；他极其清楚地阐明了化学反应中的质量守恒思想，列出了化学方程式的最早模式。这些在拉瓦锡过去的文章中是没有明确记载的，它们在拉瓦锡的化学思想中占有重要的地位，对于整个化学的发展也起着举足轻重的作用。

人类自古以来，无论是古希腊时代，还是炼金术时代，甚至到了医药化学时代，所说的元素都不是真正意义上的元素。就是在波义耳之后，元素观有了质的飞跃，但元素概念在应用中仍是模糊不清的。为此，拉瓦锡指出："元素或要素应定义为分析所能达到的终点。""因为我们至今没有发现把它们分开的方法，我们才把它们看作简单的物质，我们永远不应该假定它们是复合的，除非实验和观察证明它的确是这样。"

在阐明元素定义和化学物质命名原则基础之上，拉瓦锡指出："化学以自然界的各种物质为实验对象，旨在分解它们，以便对构成这些物体的各种物质进行单独的检验。"

基于以上认识，特别是多年化学研究实践所积累的经验，拉瓦锡列出了"属于自然界各个领域的，可视为物体所含元素的单质一览表"。在这张化学元素表中，他共计列举了33种元素，并将它们分为四类：

1.气体或假定气体，如氧、氢、氮及热和光。

2.非金属，能氧化生成酸，如硫、磷、碳、盐酸基、氟酸基及硼酸基等。

3.能氧化生成盐的金属，如锑、银、砒、铋、钴、铜、锡、铁、锰、汞、钼、镍、金、铂、铅、钨、锌等。

4.能成盐的土质，如石灰、镁、重土、矾土、硅土。

拉瓦锡列出了这张化学元素表。他坦率地声明，这只是一张凭经验列出的表格，尚存不完善处，有待今后来修正。

在拉瓦锡之前，许多科学家的化学思想中都显露出物质守恒思想的萌芽。伟大的俄罗斯科学之父——罗蒙诺索夫，曾先于拉瓦锡17年提出物质守恒定律。在1756年前后的金属煅烧实验中，罗蒙诺索夫发现，金属煅烧后的增重是由于金属与玻璃管中空气结合的缘故。可惜的是，因为当时沙皇俄国的腐朽封闭、贫困落后，欧洲科学界不可能去留意这样一个弱国臣民的发现，所以罗蒙诺索夫的物质守恒思想在当时并没有引起应有的反响。

罗蒙诺索夫是位杰出的天才，他闯进了人类知识的一切领域。他是优秀的文学家，杰出的诗人、画家，同时又是位伟大的学者，集历史学家、地理学家、地

质冶金学家、物理学家、化学家于一身。特别值得指出的是，他所生活的那个时代，化学作为一门科学刚刚诞生，但他却能抵制燃素说的种种谬误，并作出概括性的总结。他的许多论点，即使在今天，也仍然是

罗蒙诺索夫 在拉瓦锡之前，许多科学家的化学思想中都显露出物质守恒思想的萌芽。伟大的俄罗斯科学之父——罗蒙诺索夫，曾先于拉瓦锡17年提出物质守恒定律。

物理学和化学的基础，不失其科学的指导意义。他最先表述了物质和能量守恒定律，是伟大的科学先驱。但命运对他却是不公正的，生前他曾以俄国新体诗的创始人、杰出的美术家等先声夺人，而在自然科学方面的卓越成就，却是在去世许久后100年才为人们所公认。

相比之下，拉瓦锡要比罗蒙诺索夫幸运得多。《化学纲要》的问世，使拉瓦锡的科学思想迅速传遍全球。

从科学研究的初期，拉瓦锡就敏锐地认识到精确的科学测量的重要意义。因而，无论是培里肯实验，还是跟踪发现氧气的实验，他都采用了严格的定量分析方法。正是由于在长期科学实践中的深刻体会，所以拉瓦锡能在《化学纲要》中，把质量守恒原理清晰流畅地表述出来。

书中指出："无论是人工或自然的作用都没有创造出什么东西，物质在每一化学反应前的数量等于反应后的数量，这可以算是一个公理。"

根据上述原理，拉瓦锡把糖变乙醇的发酵过程写成如下等式：葡萄汁＝碳酸＋乙醇。

对此他写道："我们可以设想，把参加发酵的物质和发酵后的生成物列成一个代数式，再逐个假定方程式的每一项都是未知数，然后能逐个算出它们的值，

这样一来，即可用计算来检验我们的实验，再用实验来检验我们的计算。我经常卓有成效地运用这种方法来修正实验的初步结果，使我能通过正确的途径重新进行实验，真正获得成功。"这段陈述，表明了拉瓦锡对质量守恒原理的理解和在科学研究中的运用。

质量守恒原理不仅为科学的燃烧理论的确立提供了保证，同时也为定量化学的发展提供了有力的依据。拉瓦锡的描述葡萄汁发酵过程的算式，实质上就是现代化学方程式的雏形。在《化学纲要》中，拉瓦锡极其透彻地阐明了自己的化学思想。这些思想，也是近代化学的基本原理，对日后化学的蓬勃发展产生了巨大的影响。

《化学纲要》实际上也是拉瓦锡进行化学革命的一个总结。此书以全新的术语，丰富的内容，深刻的思想赢得科学界的赞赏，很快被译成许多种文字的版本，迅速而广泛地在全世界传播。同时它也为教育和培养未来几代的化学人才提供了深受欢迎的教材。

就这样，拉瓦锡以1787年建立新化学语言和1789年出版《化学纲要》而完成了18世纪最深刻的化学革命。从1772年研究燃烧现象始，用17年时间改造了化学科学。

相关链接
XIANGGUAN LIANJIE

诺贝尔化学奖得主（2001年—2010年）

2001年

2001年诺贝尔化学奖授予美国科学家威廉·诺尔斯、日本科学家野依良治和美国科学家巴里·夏普雷斯，以表彰他们在不对称合成方面所取得的成绩，三位化学奖获得者的发现则为合成具有新特性的分子和物质开创了一个全新的研究领域。现在，像抗生素、消炎药和心脏病药物等，都是根据他们的研究成果制造出来的。诺尔斯与野依良治分享诺贝尔化学奖一半的奖金。夏普雷斯现为美国斯克里普斯研究学院化学教授，获得另一半奖金。

2002年

2002年诺贝尔化学奖授予美国科学家约翰·芬恩、日本科学家田中耕一和瑞士科学家库尔特·维特里希，以表彰他们在生物大分子研究领域的贡献。2002年诺贝尔化学奖分别表彰了两项成果，一项是约翰·芬恩与田中耕一"发明了对生物大分子进行确认和结构分析的方法"和"发

明了对生物大分子的质谱分析法"，他们两人将共享2002年诺贝尔化学奖一半的奖金；另一项是瑞士科学家库尔特·维特里希"发明了利用核磁共振技术测定溶液中生物大分子三维结构的方法"，他将获得2002年诺贝尔化学奖另一半的奖金。

2003年

2003年诺贝尔化学奖授予美国科学家彼得·阿格雷和罗德里克·麦金农，分别表彰他们发现细胞膜水通道，以及对离子通道结构和机理研究作出的开创性贡献。他们研究的细胞膜通道就是人们以前猜测的"城门"。

2004年

2004年诺贝尔化学奖授予以色列科学家阿龙·切哈诺沃、阿夫拉姆·赫什科和美国科学家欧文·罗斯，以表彰他们发现了泛素调节的蛋白质降解。其实他们的成果就是发现了一种蛋白质"死亡"的重要机理。

2005年

三位获奖者分别是法国石油研究所的伊夫·肖万、美国加州理工学院的罗伯特·格拉布和麻省理工学院的理查德·施罗克。他们获奖的原因是在有机化学的烯烃复分解反应研究方面做出了贡献。烯烃复分解反应广泛用于生产药品和先进塑料等材料，使得生产效率更高，产品更稳定，而且产生的有害废物较少。瑞典皇家科学院说，这是重要基础科学造福于人类、社会和环境的例证。

2006年

美国科学家罗杰·科恩伯格因在"真核转录的分子基础"研究领域所做出的贡献而独自获得2006年诺贝尔化学奖。瑞典皇家科学院在一份声明中说，科恩伯格揭示了真核生物体内的细胞如何利用基因内存储的信息生产蛋白质，而理解这一点具有医学上的"基础性"作用，因为人类的多种疾病如癌症、心脏病等都与这一过程发生紊乱有关。

2007年

诺贝尔化学奖授予德国科学家格哈德·埃特尔，以表彰他在"固体表面化学过程"研究中作出的贡献，他获得的奖金额达1 000万瑞典克朗（约合154万美元）。

2008年

美国Woods Hole海洋生物学实验室的下村修、哥伦比亚大学的Martin Chalfie和加州大学圣

地亚哥分校的钱永健因发现并发展了绿色荧光蛋白（GFP）而获得该奖项。

2009年

美国生物学家文卡特拉曼·拉马克里希南、美国科学家托马斯·施泰茨和以色列女生物学家阿达·约纳特因在核糖体结构和功能研究中的贡献共同获该奖。

2010年

美国科学家理查德·海克、伊智根岸和日本科学家铃木彰因在有机合成领域中钯催化交叉偶联反应方面的卓越研究获奖。钯催化的交叉偶联是今天的化学家所拥有的最为先进的工具。这种化学工具极大地提高了化学家们创造先进化学物质的可能性，例如，创造和自然本身一样复杂程度的碳基分子。碳基（有机）化学是生命的基础，它是无数令人惊叹的自然现象的原因：花朵的颜色、蛇的毒性、诸如青霉素这样的能杀死细菌的物质。有机化学使人们能够模仿大自然的化学，利用碳能力来为能发挥作用的分子提供一个稳定的框架，这使人类获得了新的药物和诸如塑料这样的革命性材料。这一成果广泛应用于制药、电子工业和先进材料等领域，可以使人类造出复杂的有机分子。

残暴政权的牺牲品

生活已不是快乐的筵席、节日般的欢腾，
而是工作、斗争、穷困和苦难的经历。

——别林斯基

18世纪的欧洲，除了荷兰、英国已经完成了资产阶级革命外，其他各国还普遍处于封建专制统治之下。当时的法国，是封建专制最典型的国家。

从路易十四到路易十五，连年的征战和宫廷贵族的奢侈浪费，把法国搞得国势日衰、民生凋敝。

1774年，路易十六继位之后，和他的前辈们一样，只知寻欢作乐而疏于理政。王后玛丽·安东尼更是挥金如土，极尽奢靡之能事，致使国库亏空，整个法国财政陷于破产的边缘。

举国上下怨声载道，饥民暴动此起彼伏，人民革命大有一触即发之势。一些自由派贵族和金融家、包税者及专卖商，为了自身的经济和政治利益，非常担心封建王朝的灭亡，为了避免革命的爆发，他们积极呼吁改革。

路易十六也试图通过改革来解决国库空虚，拯救经济危机。他任命经济学家杜尔果做财政总监，并采取了一些改革的措施，颁布了一系列法令，但不久终因触犯贵族及资产阶级利益而宣告失败，杜尔果被迫辞职。

国王又任命日内瓦银行家瑞克继任。瑞克的理财办法是节省宫廷开支，结果激怒了宫廷贵族，上任5年即被撤职。

瑞克去职后，封建政府不仅取缔了一切已经实行了的改革方案，而且愈加反动，变本加厉地剥削和压榨人民。1781年，政府颁布了一项法令，规定只有四代以上是高级贵族出身的贵族子弟，才能充任军官；为了增加贵族的收入，甚至不顾农民死活，把早已被遗忘了的中世纪封建特权加以恢复。

公元1787年和1789年间的两次农业歉收和工商业危机，加深了劳苦大众的贫困和灾难，城乡暴动风起云涌，遍及全国。一场革命的大风暴正在孕育。

路易十六被迫宣布于1789年5月5日召开三级会议，并为了讨好大资产阶级，又重新起用瑞克做财政总监，妄图以此缓和社会矛盾。但三级会议也好，大资产阶级信赖的瑞克也好，他们都无力回天。瑞克耗时3小时的财政报告空洞无物，第三等级抗拒王命，封建统治摇摇欲坠，危在旦夕。

1789年6月，第三等级代表庄严宣告：他们是"全体国民的使者"，他们的会议是"国民会议"，并严正声明，如遭解散，即停止缴纳一切租税。他们在巴黎群众坚决革命的鼓舞下，不顾特权阶层的反对，毅然自行召开会议，并颁布了一道取消捐税的法令。

1789年7月，第三等级把国民会议改为制宪议会，并着手制定宪法，改革国家体制。这样，就把革命向前推进了一步。

国王与宫廷决不会善罢甘休。他们暗中调动军队，准备用武力解散制宪议会，逮捕第三等级代表。瑞克被秘密解职，巴士底监狱的塔楼上安置了大炮。

消息传出后，

1774年，路易十六继位之后，和他的前辈们一样，只知寻欢作乐而疏于理政。全国上下怨声载道，饥民暴动此起彼伏，大革命一触即发。

巴黎市民义愤填膺，群情激昂。圣安东区的工人和其他劳苦大众自发举行游行集会，遭到兰伯斯亲王的反动武装的血腥镇压。流血事件的发生，更加激起了群众的愤慨。巴黎各区工人和劳苦大众急速集合于各地教堂，编组队伍，夺取军械库，准备武装保卫革命，军队中的部分低级军官和士兵也加入他们的行列。

1789年7月14日，武装群众迅速占领了巴黎的主要市区，只有巴士底狱还没攻下。巴士底狱建于1382年，原为一座城堡，后来专为囚禁政治犯的监狱。它位于巴黎东郊，是一个沟深墙高无法攀登的要塞，只有经吊桥才能进去。巴黎市政厅曾派人与要塞司令交涉，但谈判无效。下午4时，愤怒的群众向巴士底狱发动了总攻，倾向革命的法国近卫军也携大炮前来助战，最后用大炮打断了吊桥绳索，终于占领了巴士底狱。他们杀死要塞司令，释放政治犯，缴获大批军械弹药，并把巴士底狱夷为平地。

1789年7月15日，路易十六被迫宣布撤出军队，承认制宪议会。为了表示让步，17日他回到巴黎，接受红、白、蓝三色帽徽，宫廷贵族和高级僧侣们纷纷逃往国外，伺机东山再起。

整个巴黎欢声雷动，庆祝胜利。法国人民把7月

14日作为法国的国庆日。

从此，法国大革命拉开了帷幕。

革命如暴风骤雨，遍及法国，涤荡着整个巴黎。

拉瓦锡作为法国贵族的一员，首当其冲要受到革命的冲击。他有着贵族的头衔，但在思想上和经济上却都属于大资产阶级范畴，因此在政治上他主张君主立宪制。作为奥尔良的议会代表，他意识到变革的必要性，所以当革命政权委托当时的科学院进行度量衡改革时，拉瓦锡义无反顾地积极参加，并提出一系列建议。但在科学院里，多数人不赞成这场革命，明显地表露出对旧秩序的拥护，对暴力革命及新政权的反感，因而遭到了严厉制裁。

在法国大革命初期，拉瓦锡不仅是国民议会的代表，而且是一个著名的以促进君主立宪为宗旨的团体的活跃人物。直到1793年，他一直是国民政府中艺术与职业委员会的成员，参与并亲自起草了《关于公民教育的报告》，是资产阶级倡导普及教育的先行者。

但是，由于拉瓦锡与"包税公司"的特殊关系，尤其是自1776年以来出任国家火药三人管委会成员，因此在资产阶级革命的动摇和激烈的派别斗争中受到怀疑和敌视，陷入了巨大的危机之中。

　　1791年，拉瓦锡受到资产阶级革命家、雅各宾派领袖马拉的攻击。早在大革命之前，马拉曾申请进入科学院，而拉瓦锡却对此持否定态度，认为他的化学知识是很蹩脚的。由于这种过节儿，"招致了马拉的怨恨"，马拉扬言应该把拉瓦锡吊死在街头的灯柱上。

　　同年，根据人民群众的强烈要求，革命政府通过决议，废除征税承包商业，解散"包税公司"。与此同时，拉瓦锡也离开了火药和硝石局。

　　失去了在皇家军火库实验室里工作的优越条件，拉瓦锡大部分时间都是在度量衡委员会的实验室里度过的。他除了担任委员会的行政职务外，还接受政府委托，测定蒸馏水的密度，以便为测量物理学的数值建立标准。拉瓦锡等人出色地完成了这项工作，为现代公制系统奠定了基础。

　　自从被免去火药总监的职务，拉瓦锡与夫人搬出了居住多年的豪华宅第，住进了一间狭小简陋的住所。患难之中，夫妻相濡以沫，共同承受着革命的疾风暴雨。

　　光阴流逝，斗转星移。1793年的上半年快过去了，而对"包税公司"的审查仍然没有结果。6月5日，革命政府下令解散那个专门负责审查的委员会，查封所有文件。而拉瓦锡却泰然自若，仍然进行日常的行政和科研工作。他认为"包税公司"是按法律办事的，因此没有理由对包税者提出控诉。

但是，革命时期是个非常时期，许多事情是不能按常规解决的。

1792年，法兰西第一共和国成立，法军在前方节节胜利，不仅连续收复失地，而且深入敌国境内，喊出"予宫廷以战争，予茅舍以和平"的革命口号，引起了欧洲各国统治集团的极大恐慌，成立了以英国为首的反法联军。

1793年，雅各宾派战胜吉伦特派，刚刚取得国家

反映法国大革命的名画《自由引导人民》

政权，英国为首的反法联军就从四面八方向法国包抄
而来。由于连年的对外战争，加之国内王公暴动、饥
荒四起和社会骚乱等，法国经济生活遭到破坏，局势
动荡不安。共和国处于最危急的时刻。

革命政府开始实行铁的手腕，采取极端的方式解
决问题。强敌压境，内有国贼，物价不稳，投机猖獗，
人民生活极端困苦。不解决这些问题，就不能保住革
命政权。共和国进入了用断头台来解决问题的非常时
期。

1793 年元月，路易十六被送上断头台；9 月，
革命政府颁布嫌疑犯法令，对一切嫌疑犯都加以逮
捕，重者处死；10 月，王后玛丽·安东尼被处死；
同月，清洗国民公会，逮捕并处死吉伦特首要分子
……

当革命的政权由大资产阶级转到小资产阶级手中
后，以罗伯斯庇尔为首的雅各宾派对科学院的态度也
异常严厉，1793 年 8 月，议会通过决议解散了科学院，
11 月，又发布了逮捕所有承包商的命令。

拉瓦锡正在自己的办公室里工作着，两个月前警
察查抄了他的住宅，并没有找到任何可以提出控诉的
证据。拉瓦锡夫人匆匆赶来，将消息通报给他。夫妻
商定，拉瓦锡先到面包铺老板那里暂避一时，玛丽去

有关当局交涉，请求为拉瓦锡恢复名誉。

当时，与拉瓦锡结怨的马拉已在几个月前遇刺身亡。拉瓦锡仍抱有很大希望，给国民议会投书，申明自己参加了统一度量衡委员会，请求免除逮捕，继续工作。但议会驳回了他的申请，拉瓦锡夫人也处处碰壁，受到礼貌而冷淡的拒绝。

经过几天的努力，事情毫无转机，于是，拉瓦锡自己来到革命委员会，主动走进了牢房，他仍抱着幻想，希望在法庭上，通过法律驳倒对他的控告。

塞纳河水在厚厚的冰层下，仍然缓缓地流淌。铁窗内的拉瓦锡，依然对生活充满希望，就着清冷的月光，时而凝神沉思，时而奋笔疾书，他在继续着他的科学思想。

冬去春来，万物复苏。拉瓦锡在热切地企盼着事情出现转机，企盼着早日走出牢笼，在自由的空间里，去继续进行他的科学活动。

1794年5月，议会公布了征税承包商的九大罪状，并通过了对征税承包商进行革命审判的决议。对科学事物一向非常敏感的拉瓦锡，直到此时，才意识到这件事情的严重性。拉瓦锡夫人为他在狱外四处奔波，找人通融，表示可以放弃一切财产，只要允许他继续从事科学研究。

拉瓦锡的请求再次被驳回。法庭只经过短暂的审理，就匆匆宣判了包税者们的死刑。

拉瓦锡夫人忍受着巨大的悲恸，进行着最后的努力。几位在革命政府中颇有影响的朋友极力向有关方面交涉，请求进行改判，但负责审理此案的法官却坚决地说："共和国不需要这样的学者，无论是谁都不能枉法。"

1794年5月8日，拉瓦锡被送上了断头台。从此，法兰西失去了自己最天才的儿子，世界失去了人类最杰出的科学家。正如法国数学家拉格朗日所说："砍掉拉瓦锡的脑袋只需要一瞬间，但是再长出这样一个脑袋，一百年也不够。"

就在拉瓦锡去世的第二年，雅各宾派因滥用极端手段恐怖政策而失去人民的支持，大资产阶级乘机发动热月政变，罗伯斯庇尔等人也被送上了断头台。议会通过决议，把不公正判决所没收的财产归还给拉瓦锡夫人。

拉瓦锡夫人独自承受着失去亲人的巨大悲痛，顽强地继续着拉瓦锡未竟的事业。她把余生的精力全部投入到拉瓦锡遗稿的整理和编撰、出版和发行等工作，为拉瓦锡化学思想的传播，作出了不懈的努力。

1795年10月，巴黎艺术学院的草坪上，拉瓦锡的塑像揭幕，基座上刻着铭文：

他是残暴政权的牺牲品。

他是艺术之友，备受尊敬。

他将永世长存。

他的天才，将永远服务于人民。

1796年8月，巴黎艺术学院的草坪上，又一座拉瓦锡的塑像揭幕。

这座塑像的拉瓦锡，头顶桂冠，佩戴花环，神色凝重地目视前方，关注着科学发展的无限远景。

← 巴黎凡尔赛宫

相关链接
XIANGGUAN LIANJIE

法国大革命

法国大革命是指18世纪末爆发于法国的各阶层广泛参与的革命，以1789年7月14日巴黎市民攻占巴士底狱为标志，持续时间长，革命进程激烈，法国大革命推翻了法国的君主专制政体，并为以后的革命扫清了道路。大革命的结束时间有多种说法，其中一种观点认为1794年7月雅各宾派统治的结束为革命的终结。另一种观点认为1799年的雾月政变为革命终结的标志。

18世纪，资本主义在法国部分地区已相当发达，出现许多资本主义性质的手工工厂，个别企业雇佣数千名工人并拥有先进设备，金融资本雄厚。资产阶级已成为经济上最富有的阶级，但在政治上仍处于无权地位。农村绝大部分地区保留着封建土地所有制，并实行严格的封建等级制度。由天主教教士组成的第一等级和贵族组成的第二等级，是居于统治地位的特权阶级。资产阶级、农民和城市平民组成第三等级，处于被统治地位。特权阶级的最高代表是国王路易十六。18世纪末，第三等级同特权阶级的矛盾日益加剧。特权阶级顽固维护其特权地位。在第三等级中，农民和城市平民是基本群众，是后来革命中的主力。资产阶级则凭借其经济实力、政治才能和文化知识处于领导地位。

1789年5月，法国国王被迫召集三级会议，继而改为国民议会和制宪议会。7月14日巴黎人民起义，攻占巴士底狱，革命爆发。8月26日，制宪会议通过《人权与公民权宣言》，确立人权、法制、公民自由和私有财产权等资本主义的基本原则。议会还颁布法令废除贵族制度，取消行会制度，没收并拍卖教会财产。革命初期，代表大资产阶级和自由派贵族利益的君主立宪派取得政权。1791年6月20日，路易十六乔装出逃，企图勾结外国力量扑灭革命，中途被识破押回巴黎。广大群众要求废除王政，实行共和，但君主立宪派则主张维持现状，保留王政。君主立宪派制定了《一七九一年宪法》，召开立法会议，维护君主立宪政体，反对革命继续发展。

第一、第二等级和大资产阶级达成了妥协，但和占法国人口大多数的农民和城市平民的矛盾依然没有缓和，相反，人民在斗争中看到了自己的力

量。1792年8月10日，巴黎人民再次起义，推翻君主立宪派统治，逮捕路易十六国王。9月21日，召开国民公会，9月22日，宣布成立法兰西共和国。

巴黎人民起义后，吉伦特派取得政权。1792年9月20日，法国军队在瓦尔密打败外国干涉军。由普选产生的国民公会于1792年9月21日开幕，9月22日成立了法兰西第一共和国。

吉伦特派执政期间颁布法令，强迫贵族退还非法占有的公有土地，将没收的教会土地分小块出租或出售给农民，严厉打击拒绝对宪法宣誓的教士和逃亡贵族。1793年1月21日，国民公会经过审判以叛国罪处死路易十六。

吉伦特派把主要力量用于反对以罗伯斯庇尔为首的雅各宾派、巴黎公社。从1792年秋季起，要求打击投机商人和限制物价的群众运动高涨起来。以忿激派为代表的平民革命家要求严惩投机商，全面限定生活必需品价格，以恐怖手段打击敌人。吉伦特派却颁布法令镇压运动。1793年2月至3月，以英国为首的欧洲各国组成反法联盟，加强武装干涉；国内也发生大规模王党叛乱。1793年4月，前线的主要指挥、吉伦特派将领迪穆里埃叛变投敌。在革命处于危急的时刻，巴黎人民于

1793年5月31日至6月2日发动第三次起义，推翻吉伦特派的统治，建立起雅各宾派专政。

雅各宾派过激和恐怖的政策，使它走向分裂和内讧，陷于孤立的罗伯斯庇尔也未能完全守护住法国革命的成果，而反法同盟一再地被各欧洲封建君主拼凑起来，它们一轮轮地围剿法国革命，企图恢复法国波旁王朝的封建政治。

1794年7月27日，雅各宾派中被罗伯斯庇尔镇压的右派势力发动"热月"政变，逮捕了罗伯斯庇尔和圣鞠斯特，建立热月党人统治。这时革命最危急的关头已过去，热月党人成立了新的革命政府，即督政府。督政府清除了罗伯斯庇尔时期的革命恐怖政策和激进措施，建立了资产阶级的正常统治，维护了共和政体，在法国国内维护了资产阶级革命的成果。

此时，督政府中又一个新的铁腕人物应运而生，他就是拿破仑。历史又淘汰了热月党人，在"雾月政变"中，年轻的拿破仑执政，担负起扫荡欧洲封建势力、最后巩固大革命成果的重任。

法国大革命摧毁了法国封建专制制度，促进了法国资本主义的发展，震撼了欧洲封建体系，推动了欧洲各国革命。

相关链接
XIANGGUAN LIANJIE

马 拉

让·保尔·马拉，法国政治家、医生，法国大革命时期民主派革命家。

1783年弃医从政，1789年大革命爆发后，马拉即投入战斗。他创办的《人民之友》报（初称《巴黎政论家》），成为支持激进民主措施的喉舌，几度停刊，到1792年9月21日出版近千期。马拉以惊人的毅力同政治迫害、贫困与疾病作斗争，

1793年7月13日，法国大革命时期民主派领导人马拉在巴黎寓所被刺杀。虽然马拉已死，但是曾与马拉结怨的拉瓦锡仍未逃脱被送上断头台的厄运。图为著名画家达维特的名画《马拉之死》。

几乎独自承担撰稿、编辑、出版等全部工作，被誉为"人民之友"。他猛烈抨击当权的君主立宪派的温和政策，要求建立民主制度，消灭贫富悬殊的社会状况，反对富有者的统治，尊重穷苦人的地位。马拉是科德利埃俱乐部和雅各宾俱乐部的重要成员。

在1792年8月10日巴黎人民起义中，马拉成为巴黎公社的领导人之一，随后又当选为国民公会代表。主张进行改革，实行累进所得税。法兰西第一共和国建立后，《人民之友》报改名为《法兰西共和国报》。马拉激烈反对吉伦特派的统治。1793年4月初，马拉以雅各宾总部主席的身份向全国发出组织控诉运动的通令，1794年被吉伦特派交付法庭审讯，后被宣判无罪。1793年6月，雅各宾派取得政权之后，马拉强调要建立革命专政，用暴力确立自由。

1793年7月13日，马拉在巴黎寓所被一名伪装革命家的吉伦特派支持者夏洛蒂·科黛刺杀。

马拉与拉瓦锡结怨甚深。